Ingrid Sachs

Weihnachten

in der 1. und 2. Klasse

Didaktische Begleitung: Akad. Dir. Dr. Wolfgang Alberts
(Institut für Grundschulpädagogik, Universität Koblenz-Landau)

Materialien für den Unterricht
Hase und Igel®

www.hase-und-igel.de
Illustrationen: Sabine Scholbeck, Petra Müller

ISBN 978-3-86760-800-8
5. Auflage 2015

Vorwort

Die Gliederung des Jahres in einen sich wiederholenden Festkreis ist in allen Religionen ein wesentliches Element der Sinngebung. Regelmäßig wiederkehrende Feste, die sich als „Inseln“ vom Alltag abheben, gilt es bewusst anzusteuern, um ihren tieferen Sinn zu erfassen, der oft hinter den Äußerlichkeiten unserer Zeit verloren geht.

Mit der Advents- und Weihnachtszeit, dem „Fest der Liebe“, verbinden viele Menschen heute nicht nur freudige Erwartungen. Vielmehr versuchen sie der oftmals vordergründigen Sentimentalität, dem Konsumterror und der Hektik zu entgehen. Wie Advent und Weihnachten individuell erfahren werden, hängt aber immer davon ab, was man aus dieser Zeit macht.

Sie als Lehrerin oder Lehrer in der Grundschule haben die Möglichkeit, Ihren Schülern ein positives Verständnis von dieser Festzeit zu vermitteln. Über vielfältige Tätigkeiten und durch das gemeinsame Erleben von Stille und Geborgenheit können Sie mit den Kindern das Weihnachtsfest als „sinnliches“ Fest im doppelten Sinn erleben.

Diese Unterrichtsmaterialien wollen deshalb Anregung und Hilfe sein,

- den Sinngehalt des Weihnachtsfestes, der sich in Bräuchen und Ritualen zeigt, durch das gemeinsame Feiern in der Schule erfahrbar werden zu lassen.
- die Symbole des Weihnachtsfestkreises tiefer erfassen zu können.
- zeitgemäße Unterrichts- und Projektvorschläge sowie vielfältige musische, künstlerische und darstellende Ausdrucksmöglichkeiten in der schulischen Praxis zu erproben.

Die folgenden Unterrichtsmaterialien wurden speziell auf die Fähigkeiten von Kindern der ersten und zweiten Jahrgangsstufe zugeschnitten, die beispielsweise noch keine längeren Texte selbstständig bewältigen können.

Der vorliegende Band besteht aus vier Teilen, die unabhängig voneinander im Unterricht eingesetzt werden können. Zahlreiche Querverweise zeigen sinnvolle Verknüpfungsmöglichkeiten auf.

- Das erste Kapitel erschließt den Kindern mit altersgemäßen Angeboten das Brauchtum der Advents- und Weihnachtszeit und die Weihnachtsgeschichte. Ein Besuch auf dem Weihnachtsmarkt ermöglicht sinnliche Erfahrungen und ein Blick auf Bräuche in anderen Ländern rundet das Wissenswerte ab.

- Im zweiten Kapitel finden Sie zahlreiche Arbeitsblätter und Karten für die Freiarbeit, mit denen Sie Ihren Deutsch- und Mathematikunterricht bereichern können.

- Die Anregungen zum Basteln, Backen, Singen, Tanzen und Musizieren im dritten Kapitel sind so ausgewählt, dass sie bereits von jüngeren Kindern bewältigt werden können.

- Das vierte Kapitel besteht aus zwei Unterrichtsprojekten, die – jeweils von einer Vorlesegeschichte ausgehend – vielfältige Angebote für die tägliche Unterrichtsarbeit sowie für musische und künstlerische Gestaltungen bieten.

Wer sich bewusst auf Weihnachten einstimmt und vorbereitet, wird sicherlich die Weihnachtsbotschaft neu verstehen und ein erfüllendes Fest erleben dürfen.

Ihnen und Ihren Schülern eine frohe Advents- und Weihnachtszeit!

Ingrid Sachs

Inhalt

1. Kapitel: Advents- und Weihnachtszeit

2. Kapitel: Lernen zur Weihnachtszeit

3. Kapitel: Basteln, backen, singen …

4. Kapitel: Unterrichtsprojekte

1. Kapitel: Advents- und Weihnachtszeit

Brauchtum im Advent und zu Weihnachten

Vorbemerkung

Der Begriff Advent stammt aus dem Lateinischen und bedeutet „Ankunft“. Der Advent wird seit dem 5. Jahrhundert gefeiert und dient der Vorbereitung auf die Feier der Geburt Jesu Christi, die ursprünglich nicht am 24. Dezember, sondern am 6. Januar gefeiert wurde. Daran orientierte sich auch die Adventszeit, die somit am 25. November begann und genau 40 Tage dauerte. Heute beginnt die Adventszeit am vierten Sonntag vor Weihnachten und dauert bis Heiligabend.

Lehrplanbezug

Religion/Ethik

- Feste und Bräuche im Jahreskreis: Advent und Weihnachten
- Advent als Zeit des Wartens und Hoffens
- Menschen, die Gottes Liebe erfahren haben, geben diese Liebe weiter: hl. Barbara, hl. Nikolaus, hl. Lucia
- Lichtbrauchtum im Advent

Sachunterricht

- Feste und Brauchtum im Jahreslauf mitgestalten

Anregungen für den Unterricht

Um den Kindern die Bedeutung der Vorweihnachtszeit nahezubringen, sollten Sie in der Schule ausreichend Zeit dafür vorsehen. Die Kinder sollen die Bräuche der Advents- und Weihnachtszeit im praktischen Tun kennenlernen und erfahren. Insbesondere Kinder, die aus anderen Kulturkreisen stammen, können so das Brauchtum miterleben. Die Klasse kann beispielsweise zusammen einen Adventskranz mit Kerzen und Schleifen schmücken. Ein gemeinsam gebastelter Adventskalender, bei dem jeden Tag ein Türchen geöffnet wird, verdeutlicht den Kindern die Zeit des Wartens. In einer kurzen täglichen Morgenfeier wird der Adventskranz entzündet, der Adventskalender geöffnet und eventuell eine Geschichte oder ein Gedicht vorgelesen (siehe Buchtipps Seite 9).

Eine besinnliche Adventsfeier kann zum Erleben von Gemeinschaft beitragen, wenn sie im Rahmen der ganzen Schule stattfindet. So wird vereinbart, dass sich jede Woche zum Beginn oder zum Ausklang eines Tages (z. B. montagmorgens) alle Klassen in einem großen Raum treffen. Das Entzünden des Adventskranzes leitet die Feier jeweils ein. Jedes Fest wird von einer Schulstufe vorbereitet. Dabei können neue Elemente mit bekannten Liedern verbunden werden, sodass alle Kinder sich beteiligen können. Die Feier sollte höchstens 15 Minuten dauern, um die Geduld der Kinder nicht zu strapazieren.

In größeren Schulen ist es sinnvoll, die Veranstaltungen in kleinerem Rahmen zu halten. So kann eine Adventsfeier ausschließlich von und für die ersten und zweiten Klassen oder jeweils von einer Parallelklasse gestaltet werden.

Im Rahmen einer klasseninternen Advents- oder Weihnachtsfeier, zu der auch die Eltern eingeladen sind, bietet es sich an, Elemente aus der täglichen Unterrichtsarbeit zusammenzustellen und vorzutragen.

Aus dem vorliegenden Unterrichtsmaterial kann eine Feier mit folgenden Teilen gestaltet werden:

1. Lied: „Im Advent“ (Seite 97)
2. Musikalisches Schattenspiel (Seiten 23 und 37–40)
3. Lied: „Ein Stern erleuchtet die Nacht“ (Seite 100) mit Sternentanz (Seite 95)

Selbstverständlich können einzelne Kinder oder Kleingruppen je nach Fähigkeiten und Wünschen noch einen Instrumental- oder Gedichtvortrag einfügen.

In diesem Kapitel werden zudem die Weihnachtsbräuche Christbaum, Krippe und Bescherung näher untersucht.

Lassen Sie die Kinder dazu zunächst von ihren eigenen Erfahrungen erzählen – auch Kinder aus anderen Kulturkreisen können sicherlich darüber berichten.

Auch in anderen Religionen gibt es Feste, an denen man Geschenke verteilt. Die Kinder der Klasse berichten von diesem Fest und wie es bei ihnen gefeiert wird.

Zu den Kopiervorlagen

KV Seite 10–12

Stationenlernen

Das Stationenlernen zur Adventszeit ist so aufgebaut, dass sich die Kinder ihrem Alter entsprechendes Wissen zu verschiedenen vorweihnachtlichen Bräuchen selbstständig erarbeiten. Die Klasse wird in vier Gruppen eingeteilt, sodass an jeder Station jeweils eine Gruppe arbeitet. Jede Gruppe beantwortet mithilfe der Infokarte die Fragen auf dem Arbeitsblatt. Die Reihenfolge der Stationen kann dabei beliebig gewählt werden.

Lösung Seite 12

Station 1:

Advent bedeutet Ankunft.

Im Advent bereiten wir uns auf Weihnachten vor.

Der Advent ist die Zeit des Wartens auf Weihnachten.

Station 2:

Grün ist die Farbe der Hoffnung.

Wir hoffen, dass Jesus wiederkommt.

Station 3:

Jeden Sonntag brennt eine Kerze mehr.

Rot ist die Farbe der Liebe.

Rote Kerzen bedeuten, dass Jesus uns liebt.

Station 4:

Der Adventskalender hat 24 Türchen.

Jeden Tag wird ein Türchen geöffnet.

Zur Symbolik von Kranz und Kerzen

Da ein Kranz weder Anfang noch Ende hat, symbolisiert er die Ewigkeit und das Leben nach dem Tod. Auch das Grün der Zweige verweist auf die immerwährende Hoffnung. Das Licht der Kerze steht zudem als Symbol für Jesus (Johannes 8, 12). Vier Kerzen verweisen auf die vier Adventssonntage, die vier Himmelsrichtungen, die vier Jahreszeiten und die vier Evangelisten.

Je mehr Lichter wir auf dem Adventskranz anzünden, desto heller und wärmer wird es in der dunklen und kalten Jahreszeit und desto mehr nähern wir uns dem Fest der Geburt Christi.

KV Seite 13

Die Adventszeit – Hosentaschenbüchlein

Für Schüler der ersten und zweiten Jahrgangsstufe sind die sogenannten „besonderen Tage“ – die Sonntage, an denen eine weitere Kerze entzündet wird, und die Heiligentage mit ihrem speziellen Brauchtum – in der Advents- und Weihnachtszeit von großer Bedeutung. Zusätzlich zum Adventskranz und -kalender kann das „Hosentaschenbüchlein“ zu einem persönlichen Begleiter durch den Advent werden. Es eignet sich bereits für den Einsatz in der ersten Klasse.

Als Erstes wird das Büchlein entsprechend der unten stehenden Anleitung gemeinsam im Unterricht gebastelt.

Am jeweiligen Tag bzw. am folgenden Montag wird das Bild von den Schülern passend ausgemalt. Auf diese Weise entsteht bis Weihnachten schrittweise ein kleines Büchlein, das die wichtigsten Inhalte des Brauchtums kurz zusammengefasst enthält.

Bastelanleitung für das Hosentaschenbüchlein:

1. Das DIN-A4-Blatt einmal an der schmalen Seite und zweimal hintereinander an der langen Seite jeweils in der Mitte falten und wieder aufklappen, sodass die folgenden Faltlinien zu sehen sind:

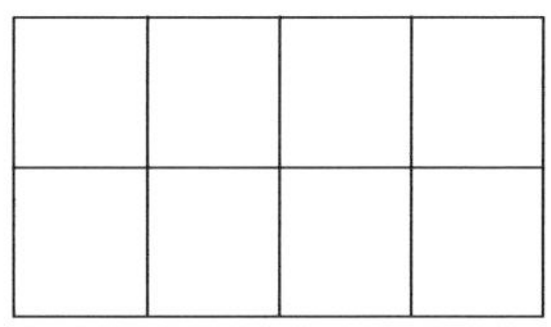

2. Dann das Blatt einmal an der langen Seite zusammenlegen und mit der Schere vom Falz bis zur Querfaltlinie einschneiden. Das Blatt wieder öffnen.

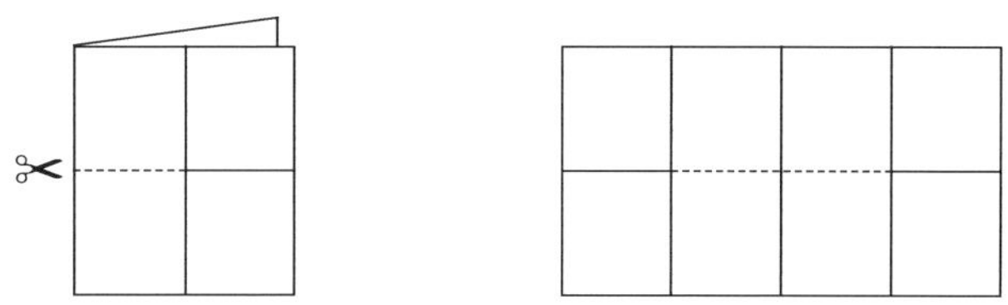

3. Das Blatt an der schmalen Seite in der Mitte falten und von außen mit beiden Händen zur Mitte zusammenschieben, sodass sich in der Mitte der Schnitt öffnet und vorne und hinten nach außen klappt.

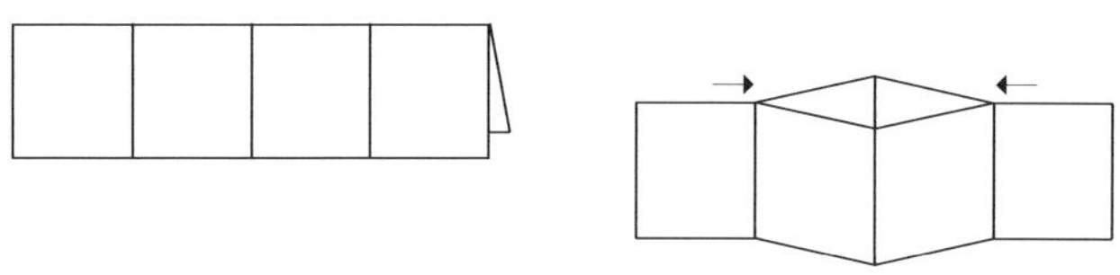

4. Die vier Buchseiten so aufeinander legen, dass die Seite mit dem Titel oben liegt. Die anderen Seiten folgen den Seitenzahlen entsprechend.

KV Seite 14–19

Die Heiligenlegenden

Die folgenden Legenden sind als Vorlesegeschichten gedacht, die am jeweiligen Festtag in der Morgenfeier vorgelesen werden können. Es ist wichtig, den Kindern zu verdeutlichen, dass es sich hierbei nicht um Tatsachenberichte, sondern um Geschichten handelt, die so nicht passiert sein müssen, ihren Ursprung aber im Glauben haben. Im Anschluss daran bearbeiten die Kinder das jeweilige Arbeitsblatt selbstständig in Einzel- oder Partnerarbeit.

Zu den einzelnen Geschichten können die Kinder in der Freiarbeit oder als Hausaufgabe ein passendes Bild malen, das im Klassenzimmer aufgehängt wird.

Legende
Eine Legende (von mittellateinisch „legenda“: das zu Lesende) ist die Beschreibung der Lebensgeschichte von Heiligen oder Märtyrern bzw. exemplarische Ausschnitte daraus. Im Mittelalter wurde aus Legenden am Namenstag des jeweiligen Heiligen zur Erbauung der Gemeinde in Kirchen und Klöstern vorgelesen. Dabei legte man auf die historische Wahrheit nur wenig Wert. Beliebter waren Wundererzählungen oder Schilderungen übernatürlich-religiöser Ereignisse. Legenden sind bereits in den Apokryphen der Bibel enthalten. Die älteste Prosasammlung mit Legenden stammt von Papst Gregor I. aus dem 6. Jahrhundert.

KV Seite 14/15

Die Legende von der heiligen Barbara

Am Fest der heiligen Barbara ist es Brauch, „Barbarazweige“ ins Zimmer zu holen. Im Rahmen des Schullebens können Sie gemeinsam mit den Kindern Blütenzweige besorgen und im Klassenzimmer aufstellen. Besonders gut eignen sich dafür Zweige vom Kirschbaum und der Forsythie, aber auch Zweige von Apfelbaum, Schlehe und Kornelkirsche können zum Blühen gebracht werden. Achten Sie darauf, dass die Zweige möglichst viele Knospen haben. Damit die Zweige einigermaßen sicher blühen, müssen die Zweigenden schräg abgeschnitten werden. Dann legt man sie am besten über Nacht in lauwarmes Wasser. Am nächsten Tag werden sie bei Zimmertemperatur in eine Vase gestellt. Das Wasser in der Vase sollte alle drei Tage gewechselt werden. Mit etwas Glück blühen die Barbarazweige bis Weihnachten.

Lösung Seite 15
Aufgabe 1:
Vater, Turm, taufen, Kaiser, Barbara

Aufgabe 2:
Ein Priester erzählte Barbara von Jesus.
Der Vater war wütend, weil Barbara an Jesus glaubte.
Der Vater brachte Barbara ins Gefängnis.
Barbara musste sterben, weil es verboten war, an Jesus zu glauben.

Aufgabe 3:
Das Fest der Heiligen Barbara ist am 4. Dezember.
Die Barbarazweige sollen an Weihnachten blühen.
Barbara hält Zweige in der Hand oder ein Turm ist neben ihr abgebildet.

Zur Symbolik der Barbarazweige
Das Aufbrechen der Knospen aus einem scheinbar toten Zweig ist ein Symbol für das Leben, das Christus uns verheißt.

KV Seite 16/17

Die Legende vom heiligen Nikolaus

Eine Nikolausfeier, bei der der Bischof Nikolaus zu Besuch kommt, ist sicherlich ein herausragendes Ereignis im Schulalltag. In seiner Ansprache berichtet der Nikolaus nur Positives über alle Kinder der Klasse und verteilt anschließend kleine Geschenke, die eventuell die Eltern für ihr Kind gebastelt haben.

Die Legende vom heiligen Nikolaus basiert auf zwei historischen Personen: Bischof Nikolaus von Myra (ca. 304–345) und Abt Nikolaus von Sion, Bischof von Pinara (gestorben 564), beide aus Kleinasien bzw. aus dem Gebiet der heutigen Türkei stammend.

Der Bischof von Myra verhalf – so die Legende – drei armen Bräuten zu einer reichen Mitgift. Sein Ruf, freigebig Geschenke zu verteilen, mag hier seinen Ursprung haben. Die auch heute noch vor allem in katholischen Gebieten gebräuchliche Darstellung des Nikolaus mit Bischofsstab und Mitra muss als die historisch richtigere angesehen werden.

Der heilige Nikolaus wurde ursprünglich als alleiniger weihnachtlicher Gabenbringer verehrt, in dieser Funktion aber – zumindest im deutschen Sprachraum – vom Christkind und vom Weihnachtsmann verdrängt.

Lösung Seite 17

Aufgabe 1:
Nikolaus lebte in Myra.
Nikolaus war Bischof.
Nikolaus feiern wir am 6. Dezember.

Aufgabe 2:
Nikolaus lebte in Myra.
Von Nikolaus erzählt man sich viele Wunder.
Nikolaus starb am 6. Dezember.
Kinder stellen Schuhe vor die Tür.

Aufgabe 3:
Mann, Töchter, Nikolaus, Äpfel, bezahlen

Zur Symbolik des Lichts
Je mehr Lichter in der Adventszeit auf dem Adventskranz angezündet werden, desto näher ist das Fest der Geburt Christi und desto heller und wärmer wird es in der dunklen und kalten Jahreszeit. Die Lucialichter erinnern daran, dass die heilige Lucia Menschen in Not Licht und damit Hoffnung brachte.

KV Seite 18/19

Die Legende von der heiligen Lucia
Nachdem die Kinder das vor allem in Schweden verbreitete Brauchtum zum Fest der heiligen Lucia kennengelernt haben, können Sie in der Klasse gemeinsam mit den Schülern Luciabrote backen (Seite 104).

Lösung Seite 19

Aufgabe 1:
Jahr, Jesus, Christen, Verlobter, Glaubens

Aufgabe 2:
Lucia trägt einen Kranz mit Kerzen auf dem Kopf.
Das Fest der heiligen Lucia ist am 13. Dezember.
Das Fest wird besonders in Schweden gefeiert.

Aufgabe 3:
Lucia gab alles Geld den Armen.
Lucia wollte wie Jesus leben.
Lucia brachte den Christen Speisen.
Lucia wollte ihren Verlobten nicht mehr heiraten.

KV Seite 20

Brauchtum zu Weihnachten
Die im deutschsprachigen Raum verbreitetsten Bräuche zu Weihnachten sind das Aufstellen eines Weihnachtsbaums und einer Krippe sowie das Beschenken der Kinder, die Bescherung. Diesen drei Begriffen sollen die angegebenen Wörter zugeordnet werden. Anschließend gestalten die Kinder dazu ein Bild.

Zugleich bietet die Kopiervorlage einen Anlass, dass die Kinder über Bräuche in ihrer Familie und über mögliche Unterschiede sprechen. Kinder, die keiner christlichen Religion angehören, lernen auf diese Weise das Weihnachtsfest kennen.

Buchtipps für die Advents- und Weihnachtszeit

Kreativbücher zum Selbstgestalten:
- Birgit Högl/Petra Lefin, Tag für Tag durch den Advent, 56 Seiten, München: Hase und Igel Verlag (Vorschule/1. Klasse)
- Birgitta Reddig-Korn/Beate Speck-Kafkoulas, Mein Advent, 64 Seiten, München: Hase und Igel Verlag (2. Klasse)
- Beate Speck-Kafkoulas/Birgitta Reddig-Korn, Mein Weihnachtsstern, 56 Seiten, München: Hase und Igel Verlag (2. Klasse)

Bücher zum Selbstlesen:
- Christine Nöstlinger, Mini trifft den Weihnachtsmann, 62 Seiten, Düsseldorf: Sauerländer Verlag (ab 7 Jahre)
- Ursel Scheffler, Der Weihnachtsschatz, 64 Seiten, München: Hase und Igel Verlag (2. Klasse)

Bücher zum Vorlesen:
- Kirsten Boie, Alles ganz wunderbar weihnachtlich, 118 Seiten, Hamburg: Oetinger (ab 6 Jahre)
- Willi Fährmann, Folget dem Stern, 400 Seiten, München: Omnibus Verlag (ab 6 Jahre)
- Rotraut Susanne Berner, Apfel, Nuss und Schneeballschlacht – Das große Winter-Weihnachtsbuch, 144 Seiten, München: dtv (ab 6 Jahre)

Vorleseprojekte:
- Helga Fell/Annette Richert, Auf nach Bethlehem!, 64 Seiten, München: Hase und Igel Verlag (1. Klasse)
- Barbara Peters/Lucia Peters, Die wundersame Weihnachtsreise, 64 Seiten, München: Hase und Igel Verlag (1. Klasse)
- Monika Larsen/Monika Burger, Dem Advent auf der Spur, 64 Seiten, München: Hase und Igel Verlag (1.–4. Klasse)

Stationenlernen

Station 1: Der Advent

Lies den Text und beantworte die Fragen auf deinem Arbeitsblatt.

Die vier Wochen vor Weihnachten nennen wir Advent. Advent bedeutet Ankunft. Damit meinen die Menschen die Ankunft, also die Geburt, von Jesus an Weihnachten. Im Advent bereiten wir uns auf das Weihnachtsfest vor. Wir denken darüber nach, was wir in unserem Leben ändern und besser machen möchten.

Stationenlernen

Station 2: Der Adventskranz

Lies den Text und beantworte die Fragen auf deinem Arbeitsblatt.

Der Adventskranz ist ein Schmuck für das Zimmer und soll das Warten auf Weihnachten deutlich machen.
Der Adventskranz wird aus Zweigen geflochten. Meistens werden dafür Zweige von Nadelbäumen verwendet. Die grüne Farbe der Zweige hat eine Bedeutung. Grün ist die Farbe der Hoffnung. Wir dürfen hoffen: Jesus wird wieder zu den Menschen kommen.
Der Adventskranz wird mit Kerzen und Schleifen festlich geschmückt.

Stationenlernen

Station 3: Die Kerzen

Lies den Text und beantworte die Fragen auf deinem Arbeitsblatt.

Im Dezember sind die Tage lange dunkel. Die Menschen sehnen sich nach Licht und Wärme.
Auf dem Adventskranz befinden sich vier Kerzen. Jede Kerze steht für einen Sonntag im Advent. Jeden Sonntag wird eine Kerze mehr angezündet.
Je näher Weihnachten kommt, desto heller wird der Kranz.
Früher verwendete man für den Adventskranz nur rote Kerzen. Rot ist die Farbe der Liebe.
Die rote Farbe soll uns sagen: Jesus liebt jeden von uns.

Stationenlernen

Station 4: Der Adventskalender

Lies den Text und beantworte die Fragen auf deinem Arbeitsblatt.

Der Adventskalender will uns die Zeit des Wartens auf Weihnachten deutlich machen. Er begleitet uns vom 1. bis zum 24. Dezember durch die ganze Adventszeit. Jeden Tag wird ein Türchen geöffnet, hinter dem ein Bild oder ein kleines Geschenk zum Vorschein kommt.
Besondere Freude bereitet es, wenn man einen selbst gebastelten Adventskalender geschenkt bekommt.

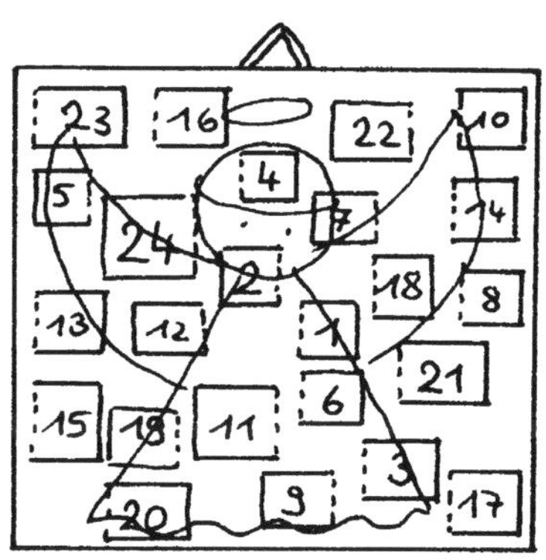

Name:

Stationenlernen

Kreuze die richtigen Antworten an.
Es können jeweils mehrere Antworten stimmen.

Station 1: Der Advent

❏ Advent bedeutet Ankunft.
❏ Advent ist dasselbe wie Weihnachten.
❏ Im Advent bereiten wir uns auf Weihnachten vor.
❏ Der Advent ist die Zeit des Wartens auf Weihnachten.

Station 2: Der Adventskranz

❏ Der Kranz wird meist aus Stroh geflochten.
❏ Grün ist die Farbe der Hoffnung.
❏ Grün ist die Farbe der Liebe.
❏ Wir hoffen, dass Jesus wiederkommt.

Station 3: Die Kerzen

❏ Am vierten Advent brennt nur die letzte Kerze.
❏ Jeden Sonntag brennt eine Kerze mehr.
❏ Rot ist die Farbe der Liebe.
❏ Rote Kerzen bedeuten, dass Jesus uns liebt.

Station 4: Der Adventskalender

❏ Der Adventskalender hat 24 Türchen.
❏ Nur Kinder haben einen Adventskalender.
❏ In jedem Adventskalender sind Süßigkeiten.
❏ Jeden Tag wird ein Türchen geöffnet.

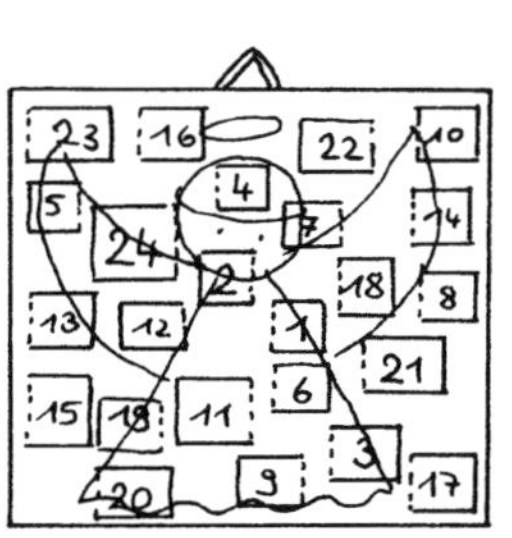

1

Die Adventszeit

1. Advent

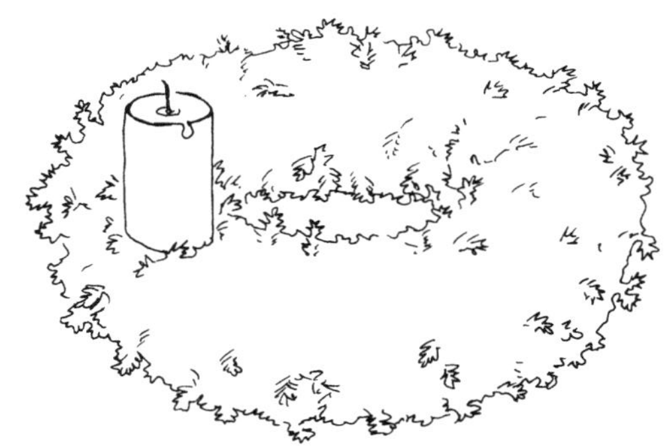

2

Heilige Barbara

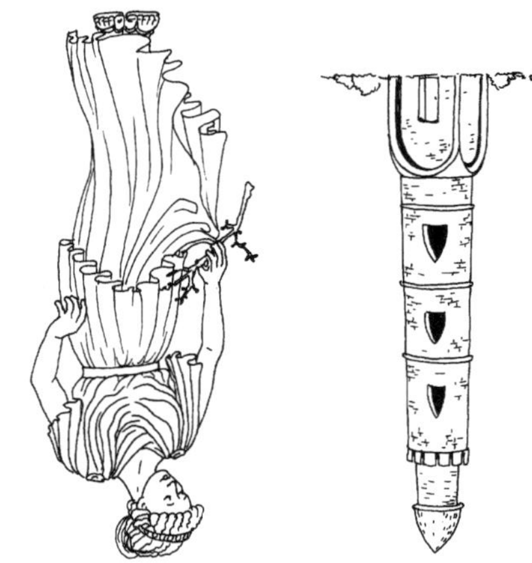

4. Dezember

3

Heiliger Nikolaus

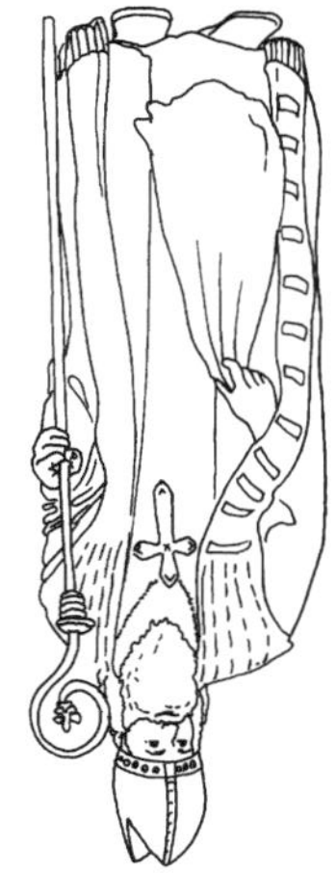

6. Dezember

4

2. Advent

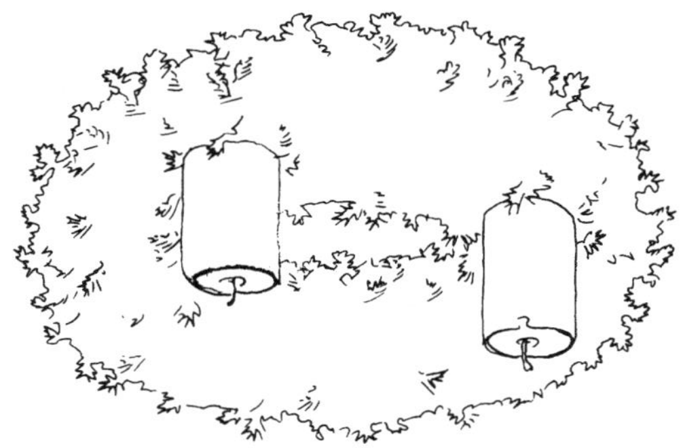

5

Heilige Lucia

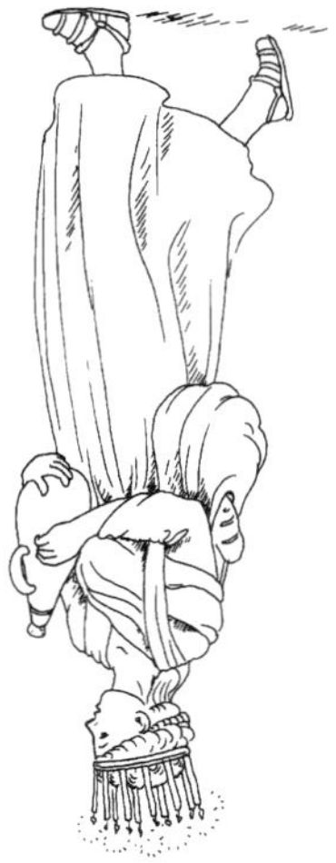

13. Dezember

6

3. Advent

7

4. Advent

8

Weihnachten

Die Legende von der heiligen Barbara

Barbara lebte um das Jahr 300 nach Christus in Nikomedia. Das liegt in der heutigen Türkei. Ihr Vater war ein reicher Kaufmann. Wenn ihr Vater verreiste, machte er sich große Sorgen um sie. Deshalb sperrte er Barbara immer in einen Turm, denn dort konnte ihr nichts passieren. Der Turm hatte zwei Fenster, damit Barbara auf das Meer sehen konnte.

Als ihr Vater wieder einmal unterwegs war, ließ Barbara heimlich einen Priester zu sich kommen. Dieser erzählte ihr von Gott und Barbara wurde getauft. Als Zeichen für ihren Glauben ließ Barbara ein drittes Fenster in den Turm brechen, denn die Christen glauben, dass Gott dreifaltig ist, das heißt den Vater, den Sohn Jesus und den Heiligen Geist in sich vereint.
Zu dieser Zeit war es gefährlich, ein Christ zu sein, weil der Kaiser in Rom den Glauben an Jesus verbot. Er wollte sogar jeden töten lassen, der sich nicht an das Verbot hielt.

Bei seiner Rückkehr sah Barbaras Vater schon von Weitem, dass der Turm jetzt drei Fenster hatte. Er wurde sehr wütend, doch Barbara wollte ihren Glauben nicht ablegen. So schleppte der Vater seine eigene Tochter vor den Richter. Barbara wurde gefoltert und gequält. Sie wollte sogar für Jesus und ihren Glauben sterben.

Man erzählt sich, dass sich auf dem Weg ins Gefängnis ein Zweig an ihrem Kleid verfing. Barbara stellte den Zweig in einen Krug mit Wasser. Sie wurde zum Tode verurteilt. Am Tag ihres Todes blühte der Zweig.

Das Fest der heiligen Barbara wird am 4. Dezember gefeiert. An diesem Tag schneiden wir Zweige von Obstbäumen und stellen sie in eine Vase, damit sie an Weihnachten blühen. Das ist ein Zeichen dafür, dass niemand Angst vor dem Tod haben muss.

Ein Bild von der heiligen Barbara kannst du leicht erkennen. Sie hält Zweige in der Hand oder ein Turm mit drei Fenstern ist abgebildet.

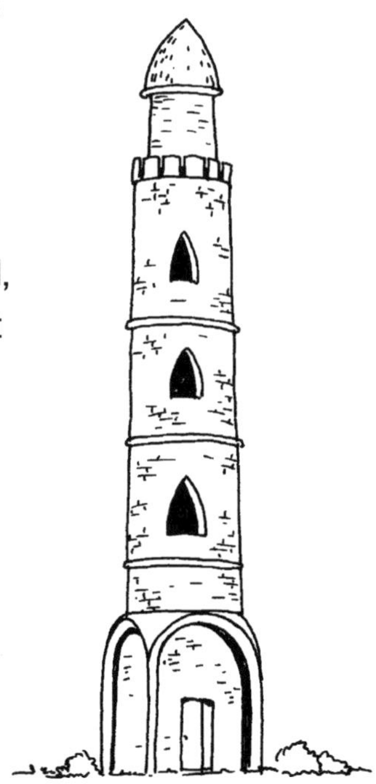

Name:

Die Legende von der heiligen Barbara

1. Schreibe die Wörter in die Lücken.

Barbara taufen Vater Kaiser Turm

Barbaras ______________ war Kaufmann. Immer wenn er auf Reisen ging, sperrte er Barbara in einen __________. Barbara hörte von Jesus und ließ sich ______________. Der ______________ von Rom hatte das verboten. Deshalb musste ________________ sterben.

2. Kreuze richtige Sätze an.

❑ Ein Priester erzählte Barbara von Jesus.
❑ Der Vater glaubte auch an Jesus.
❑ Der Vater war wütend, weil Barbara an Jesus glaubte.

❑ Der Kaiser holte Barbara ins Gefängnis.
❑ Der Vater brachte Barbara ins Gefängnis.

❑ Barbara wurde krank und musste sterben.
❑ Barbara musste sterben, weil es verboten war, an Jesus zu glauben.

3. Beantworte die Fragen.

Wann ist das Fest der heiligen Barbara?

____

Wann sollen die Barbarazweige blühen?

____

Woran erkennt man ein Bild von der heiligen Barbara?

____

Die Legende vom heiligen Nikolaus

Vom heiligen Nikolaus gibt es viele Geschichten. Ob sie alle wahr sind, wissen wir nicht. Wir wissen aber, dass Nikolaus Bischof von Myra war. Myra ist eine kleine Stadt in der heutigen Türkei.

Man erzählt sich, dass in Myra ein armer Mann lebte. Er war so arm, dass er sich immer wieder Geld leihen musste. Der Mann hatte drei Töchter. Seine Töchter konnten nicht heiraten, weil er kein Geld dafür hatte. Die Schulden des Mannes wuchsen von Tag zu Tag. So entschloss er sich eines Tages, seine Töchter zu verkaufen. Mit dem Geld wollte er seine Schulden bezahlen. Nikolaus hörte davon und hatte Mitleid. Er nahm drei Lederbeutel. In jeden legte er einen goldenen Apfel. Nachts ging er heimlich zur Wohnung des armen Mannes und legte die Beutel auf die Fensterbank. Die Freude der armen Menschen war am nächsten Morgen groß. Mit den goldenen Äpfeln konnte der Mann seine Schulden bezahlen. Es blieb noch so viel Geld übrig, dass die drei Töchter heiraten konnten.

In einer anderen Geschichte wird erzählt, dass Nikolaus das Gold durch den Schornstein geworfen hat. Es landete genau in den Strümpfen der Mädchen, die zum Trocknen aufgehängt waren.

Viele solcher wundersamen Geschichten werden über den heiligen Nikolaus erzählt. Der heilige Nikolaus soll an einem 6. Dezember um das Jahr 345 gestorben sein. Deshalb feiern wir sein Fest am 6. Dezember. Zur Erinnerung an den heiligen Nikolaus stellen die Kinder am Vorabend des Nikolaustages Schuhe vor die Türe. Am nächsten Tag finden sie darin Süßigkeiten.

Der heilige Nikolaus wird oft mit drei goldenen Äpfeln oder drei Kugeln dargestellt.

Name:

Die Legende vom heiligen Nikolaus

1. Beantworte die Fragen.

Wo lebte Nikolaus?

Welchen Beruf hatte Nikolaus?

Wann feiern wir das Fest des heiligen Nikolaus?

2. Kreuze richtige Sätze an.

❑ Nikolaus war Bischof von Rom.
❑ Nikolaus lebte in Myra.
❑ Von Nikolaus erzählt man sich viele Wunder.

❑ Wir feiern das Fest am 4. Dezember.
❑ Nikolaus starb am 6. Dezember.

❑ Kinder bekommen ein kleines Nest mit Nikoläusen geschenkt.
❑ Kinder stellen Schuhe vor die Tür.

3. Schreibe die Wörter in die Lücken.

Töchter Äpfel Mann Nikolaus bezahlen

Ein armer __________ lebte in Myra. Er hatte so viele Schulden, dass er seine __________ verkaufen wollte. __________ hatte Mitleid. Er schenkte den Töchtern goldene __________. Jetzt konnte der Mann seine Schulden __________ und die Töchter konnten heiraten.

Die Legende von der heiligen Lucia

Lucia lebte um das Jahr 300 nach Christus auf der Insel Sizilien in Italien. Lucias Mutter wurde schwer krank. Deshalb machte Lucia mit ihr eine Wallfahrt zum Grab der heiligen Agatha. Daraufhin wurde die Mutter auf wunderbare Weise gesund. Sie wurde Christin wie ihre Tochter. Lucia glaubte fest an Jesus und wollte so leben wie er. So beschloss sie, dass sie alles Geld armen Menschen geben wollte.

Damals hatte der Kaiser von Rom den Glauben an Jesus verboten. Deshalb trafen sich die Christen in Katakomben. Das waren unterirdische Gänge, die als Friedhof benutzt wurden. Lucia brachte den Christen heimlich Lebensmittel und andere Dinge. In den Gängen war es finster. Darum setzte sie sich einen Kranz mit Kerzen auf den Kopf. So hatte sie die Hände für das Essen frei und konnte genug sehen.

Lucias Verlobter glaubte nicht an Jesus. Deshalb wollte sie ihn nicht mehr heiraten. Er war deswegen sehr wütend und klagte Lucia beim römischen Statthalter an. Lucia war erst 20 Jahre alt, als sie vor Gericht gestellt wurde. Die Richter drohten ihr schwere Strafen und sogar den Tod an, wenn sie weiterhin an Jesus glaubte. Für Lucia aber war nur ihr Glaube an Jesus wichtig. Sie wurde verurteilt und mit dem Schwert getötet.

Das Fest der heiligen Lucia ist am 13. Dezember. Sie wird als Heilige des Lichts verehrt. In Schweden wird das Fest besonders gefeiert, weil dort die Tage um diese Zeit sehr kurz sind und es lange dunkel ist. Das älteste Mädchen in jeder Familie setzt sich als Lucia einen Lichterkranz auf, weckt am Morgen die Eltern und Geschwister und bringt ihnen das Frühstück ans Bett.

Name:

Die Legende von der heiligen Lucia

1. Schreibe die Wörter in die Lücken.

Christen Glaubens Verlobter Jahr Jesus

Lucia lebte um das ____________ 300 nach Christus. Sie glaubte fest an ____________. Den ____________ brachte sie Speisen in die Katakomben. Ihr ______________ klagte Lucia beim römischen Statthalter an. Sie wurde wegen ihres ____________ getötet.

2. Beantworte die Fragen.

Was trägt Lucia auf dem Kopf?

____

Wann ist das Fest der heiligen Lucia?

____

Wo wird das Fest der heiligen Lucia besonders gefeiert?

____

3. Kreuze richtige Sätze an.

- ❑ Lucia kannte den Glauben an Jesus nicht.
- ❑ Lucia gab alles Geld den Armen.
- ❑ Lucia wollte wie Jesus leben.

- ❑ Lucia verriet das Versteck der Christen.
- ❑ Lucia brachte den Christen Speisen.

- ❑ Lucia wollte einen Christen heiraten.
- ❑ Lucia wollte ihren Verlobten nicht mehr heiraten.

Name:

Brauchtum zu Weihnachten

Ordne die Wörter den Begriffen zu.
Male in das Kästchen daneben ein passendes Bild.

Wunschzettel
Christkind
Hirten
Kugeln
Schafe
Überraschung
grüne Zweige
Maria
Kerzen
Geschenke
Josef
Sterne

Christbaum:

Bescherung:

Krippe:

Die Weihnachtsgeschichte

Vorbemerkung

Die christliche Grundlage des Weihnachtsfestes ist die Weihnachtsgeschichte, wie sie in den Evangelien des Neuen Testaments der Bibel überliefert ist. Im Lukasevangelium werden die Verheißung der Geburt Jesu an Maria durch den Engel Gabriel (Lk 1, 26–38) sowie die Geburt Jesu und die Anbetung durch die Hirten (Lk 2, 1–20) beschrieben. Im Matthäusevangelium gibt es ebenfalls einen Bericht über die Geburt Jesu, der jedoch Josefs Traum in den Mittelpunkt stellt (Mt 1, 18–25). Darüber hinaus wird über die Huldigung der Weisen aus dem Osten berichtet (Mt 2, 1–12).

Lehrplanbezug

Religion/Ethik

- Feste und Bräuche im Jahreskreis: Weihnachten
- Weihnachten als Geburtsfest Jesu feiern und gestalten
  - Jesus wird geboren – sich mit den Hirten freuen (nach Lk 2, 1–20)
  - Sich wie die Weisen zum Kind in der Krippe führen lassen (nach Mt 2, 1–12)

Deutsch

- Einfache Szenen mit Stabpuppen entwickeln
- Einen angeleiteten Text schreiben

Kunst

- Figurenspiel mit Stabpuppen
- Schattenspiel

Zu den Kopiervorlagen

KV Seite 24/25

Die Weihnachtsgeschichte – Vorlesegeschichte

Die vorliegende Erzählung enthält die zentralen Inhalte der beiden Evangelientexte, wobei auf Einzelheiten verzichtet und auf eine kindgerechte Sprache geachtet wurde. Der Text orientiert sich dennoch möglichst nah am Original der Bibel.

Hinweis: Die drei Weisen werden im Folgenden immer „Könige“ genannt, da Kindern diese Bezeichnung geläufiger ist.

Der Text ist als Vorschlag für eine Lehrererzählung bzw. zum Vorlesen gedacht. Tragen Sie die Geschichte abschnittsweise vor. Im Anschluss daran wird jede Szene mit Legematerialien gestaltet. Dabei sollen die Kinder ihrer Fantasie freien Lauf lassen.

Als Gestaltungsmaterialien eignen sich Rhythmiktücher, Steine, Muggelsteine, Filzteile in verschiedenen Formen, Bauklötze und selbst gebastelte Fingerpuppen.

Für die Herstellung der Fingerpuppen benötigt man kleine Puppenkörper aus Holz, die innen hohl sind (in gut sortierten Bastelgeschäften erhältlich). Als Kleidung klebt man Stoff- oder Filzreste an die Puppenkörper. Die Haare werden aus Schafwolle gefertigt. Schließlich werden noch die Gesichter aufgemalt.

Alternativ können auch größere Puppenkörper als Standpuppen verwendet werden.

KV Seite 26–28

Die Weihnachtsgeschichte – Arbeitsblätter

Bereits ab der ersten Jahrgangsstufe können die ersten beiden Kopiervorlagen (Seite 26/27) zur Überprüfung des Text- und Leseverständnisses eingesetzt werden. Die Kinder schneiden die Bildkarten aus, bringen sie in die richtige Reihenfolge und kleben sie dann auf das

Zur Geschichte und Symbolik des Weihnachtsfestes

Der römische Kaiser Heliogabalus (218–222) legte den 25. Dezember als Hochfest des unbesiegbaren Sonnengottes (sol invictus) fest. Daraufhin versuchte Gegenpapst Hippolytos (217) den 25. Dezember als Termin für das Fest der Geburt Christi durchzusetzen. Um 330 unter Kaiser Konstantin verschmolzen Sonnenglauben und Christusglauben und der Sonnengott wurde als Christengott umgedeutet. Auf dem Konzil von Konstantinopel wurde der Tag der Geburt Christi auf den 25. Dezember festgelegt und zum Dogma erhoben. Seit der Mainzer Synode im Jahr 813 gilt dieser Tag als kirchlicher Feiertag und wurde zunächst „Christfest" genannt.

Um 1150 setzte sich für das Fest die Bezeichnung „Weihnachten" durch. Der Begriff geht auf die mittelhochdeutschen Wörter „wihe naht" zurück und bedeutet „geweihte Nacht". Bei den heidnischen Germanen war damit die Nacht der Wintersonnenwende (24./25. Dezember) gemeint, mit der die 12 Raunächte begannen. Da nach altem Brauch der Tag bereits um 18 Uhr des Vortags anfing, beginnt das Fest bereits am „Heiligen Abend".

Das Weihnachtsfest ist das Fest der Liebe Gottes zu den Menschen. Diese Liebe zeigt sich darin, dass sein Sohn Mensch wurde und damit einer von uns. Dadurch, dass er für die Geburt Jesu keinen prunkvollen Palast, sondern einen unscheinbaren Stall in Bethlehem wählte, kommt zum Ausdruck, dass Gott jeden Menschen so liebt, wie er ist. Auf diese Weise soll für die Menschen die Geburt Jesu ein Fest der Liebe, der Freude und des Friedens sein.

Arbeitsblatt. Im Anschluss daran erlesen sie den Inhalt der Textkarten, ordnen sie den passenden Bildern zu und kleben sie ebenfalls auf. Als Differenzierungsangebot bzw. als Hausaufgabe gestalten die Kinder die Bilder farbig.

Das Arbeitsblatt auf Seite 28 eignet sich für die zweite Jahrgangsstufe. Ausgehend von den Bildern schreiben die Kinder jeweils dazu passende Sätze und verfassen auf diese Weise die Weihnachtsgeschichte mit eigenen Worten.

KV Seite 29–32

Weihnachtsbuch

Im Sinne eines produktionsorientierten Unterrichts gestalten die Kinder ein individuelles Büchlein und beschäftigen sich so nochmals selbstständig mit den Inhalten der Weihnachtsgeschichte.

Jedes Kind benötigt:
- 3 Kopiervorlagen für das Buch (Seiten 29–31)
- Kopiervorlage mit 6 Bildvorlagen (Seite 32)
- ein Blatt farbiges Tonpapier (DIN A4)
- Farbstifte
- Klebstoff
- Schere

Außerdem brauchen Sie:
- Locher
- dünnes farbiges Geschenkband oder Klammerhefter

Die Kinder gestalten die sechs Bildvorlagen (Seite 32) farbig, schneiden sie aus, ordnen sie der jeweils passenden Seite des Buches zu und kleben sie auf. Im Anschluss daran werden die drei Blätter an der Linie in der Mitte so gefaltet und zusammengeklebt, dass die Textseiten außen zu sehen sind. Nun werden sie in der richtigen Reihenfolge aufeinandergelegt, sodass die erste Seite oben zu liegen kommt. Das Tonpapier wird auf der langen Seite in der Mitte gefaltet und als Bucheinband um die Seiten herumgelegt. Für die Bindung wird das Buch am linken Seitenrand zweimal gelocht. Durch die Löcher wird farbiges Geschenkband gezogen und mit einem festen Knoten und einer Schleife verbunden. Wenn das Band nicht zu eng gezogen wird, lässt sich das Buch gut aufklappen. Alternativ kann das Buch am linken Seitenrand auch mit dem Klammerhefter zusammengeheftet werden.

Zum Schluss gestalten die Kinder noch den Einband. Als Titel wird „Die Weihnachtsgeschichte" eingetragen und der Name des Kindes ergänzt. Außerdem können die Kinder den Einband bemalen oder mit Papiersternen o. Ä. bekleben.

KV Seite 33–36

Stabpuppen

Die Kopiervorlagen werden auf dünnen Karton kopiert oder aufgeklebt, angemalt und anschließend ausgeschnitten. Auf der Rückseite wird in der Mitte mit Klebebändern jeweils ein Schaschlikspieß oder ein anderes dünnes Stäbchen befestigt, das unten mindestens 10 cm überstehen sollte, damit die Kinder die Figuren gut halten können.

Mithilfe der Stabpuppen gestalten die Kinder in Gruppenarbeit (sechs Gruppen) die einzelnen Szenen der Weihnachtsgeschichte nach. Dafür wird über einen Tisch ein großes Tuch gebreitet, das bis zum Boden reicht. Dahinter setzen sich die Kinder auf den Boden und halten ihre Figuren an den Stäben über die Tischkante. Zur jeweiligen Szene passend sprechen sie die Texte der einzelnen Personen. Nach dem Einstudieren einzelner Szenen kann zusätzlich die ganze Weihnachtsgeschichte als szenische Darstellung eingeübt werden. Dafür eignen sich auch die Texte des folgenden Schattenspiels (Seite 38).

KV Seite 37–40

Musikalisches Schattenspiel

Die beiden Hintergrundbilder (Seite 39/40) werden auf Folie kopiert und anschließend mit Glasmalfarben gleichmäßig ausgemalt: Der Stall braun, die Sterne gelb, der Nachthimmel dunkelblau und die Landschaft grün. Als Schattenwand wird ein großes, weißes Bettlaken verwendet, das auf einen Rahmen gespannt oder an einer Vorhangstange befestigt wird.

Als Darsteller werden benötigt: Maria, Josef, Engel, zwei Hirten, Wirt, Kaiser sowie eine Puppe als Jesuskind. Sie werden mit entsprechenden Requisiten ausgestattet, sodass sie im Schattenbild eindeutig erkennbar sind: Maria mit einem langen Kleid, Josef mit Hut und Mantel, die Hirten mit Hirtenstäben, der Engel mit Flügeln, der Kaiser mit einer Krone. Den Regieanweisungen (Seite 37) entsprechend üben die Kinder die Weihnachtsgeschichte pantomimisch ein. Die Darsteller agieren hinter der Schattenwand, und zwar möglichst nahe an der Wand. Dabei ist zu beachten, dass im Schattenspiel nur eine zweidimensionale Darstellung möglich ist.

Unabhängig von den Darstellern werden die Sprecher festgelegt: Maria, Engel, Wirt, Hirte, Kaiser. Der Erzähler sollte aufgrund der Textmenge von Ihnen gesprochen werden. Die Sprechtexte (Seite 38) werden jeweils passend zur pantomimischen Darstellung vorgelesen bzw. auswendig gesprochen.

Für die Bedienung des Tageslichtprojektors werden zwei Kinder eingeteilt. Alle Kinder, die noch keine Aufgabe haben, können sich an der musikalischen Gestaltung beteiligen.

Im abgedunkelten Raum werden die Hintergrundbilder mit dem Tageslichtprojektor von der Rückseite an die Schattenwand projiziert. Zwischen den einzelnen Szenen wird die Schattenwand kurz verdunkelt, d. h. der Spiegel des Tageslichtprojektors wird nach unten gedreht und anschließend mit dem nächsten Hintergrundbild wieder erhellt.

Zwischen den Szenen werden die jeweils angegebenen Strophen der folgenden Lieder eingefügt:

- Jesus ist geboren (siehe Seite 98/99)
- Ein Stern erleuchtet die Nacht (siehe Seite 100/101)
- Wer klopfet an – Das Lied ist in vielen Liederbüchern zur Weihnachtszeit enthalten und kann mit verteilten Rollen gesungen werden.

In den weiteren Szenenpausen können Flötenstücke oder Spielstücke der Orff-Gruppe eingesetzt werden. Auch Instrumentalmusik von einer Kassette/CD ist möglich.

Die Weihnachtsgeschichte (1)

1. Der Engel kommt zu Maria

Maria ist eine junge Frau. Sie ist etwa 15 oder 16 Jahre alt. Sie ist mit Josef verlobt und will ihn heiraten. Josef ist Zimmermann. Er sägt und hobelt Bretter und Balken. Er ist viel älter als Maria. Aber er ist ein guter Mann und deshalb mag Maria ihn.

Maria lebt immer so, wie es Gott gefällt. Sie achtet die Gebote Gottes. Fleißig erledigt sie alle Arbeiten: Sie holt am Brunnen Wasser, sie mahlt Getreidekörner zu Mehl, sie backt Brot und sie reinigt das Haus.

Eines Tages ist Maria zu Hause. Es ist still. Plötzlich tritt ein Engel Gottes ein. Er sagt: „Gegrüßt seist du Maria. Gott ist mit dir." Maria erschrickt. Was soll dieser Gruß bedeuten?

„Fürchte dich nicht", sagt der Engel. „Gott schickt mich zu dir. Gott liebt dich! Du sollst ein Kind bekommen. Es wird ein Sohn. Du sollst ihm den Namen Jesus geben. Bist du bereit, diese Aufgabe zu übernehmen?"

Maria staunt. Freude kommt in ihr auf. Sie soll Mutter werden! Maria sagt: „Ich bin bereit! Es soll geschehen, wie Gott es will."

2. Maria und Josef gehen nach Bethlehem

Als Josef erfährt, dass Maria ein Kind bekommt, ist er enttäuscht. Er weiß, dass er nicht der Vater des Kindes sein kann. Was soll er tun? Soll er sich von Maria trennen? Soll er sie mit dem Kind allein lassen? Oft denkt er nachts darüber nach.

Eines Nachts erscheint ihm ein Engel Gottes im Traum. Der Engel spricht: „Josef, sei nicht traurig. Das Kind, das Maria bekommt, ist von Gott. Es ist ein Sohn. Du sollst ihm ein Vater sein."

Am nächsten Morgen weiß Josef, was er tun wird: Er wird zu Maria halten und sie heiraten.

Der Kaiser in Rom will alle Bewohner in seinem Land zählen. Deshalb befiehlt er, dass alle Leute sich in ihre Heimatstadt begeben müssen, um sich dort in Listen einzutragen. Josef und Maria müssen von Nazareth nach Bethlehem gehen, da Josef aus Bethlehem stammt. Sie machen sich zu Fuß auf den Weg. Es ist ein sehr weiter und beschwerlicher Weg. Für Maria ist die Reise sehr anstrengend, denn bald soll ihr Kind zur Welt kommen.

3. Die Geburt von Jesus

In Bethlehem ist viel los. Maria und Josef bekommen keinen Platz in einem Gasthaus oder einer Herberge. Endlich finden sie eine Unterkunft in einem Stall. Es bleibt ihnen nichts anderes übrig, als auf Stroh zu schlafen. In diesem Stall bekommt Maria ihr Kind. Sie gibt ihm den Namen Jesus. Maria wickelt Jesus in Windeln. Da sie kein Bett hat, legt sie ihn in die Futterkrippe der Tiere.

Die Weihnachtsgeschichte (2)

4. Der Engel kommt zu den Hirten
In der Nähe von Bethlehem gibt es viele Felder und Wiesen. Dort sind Hirten, die nachts auf ihre Schafe aufpassen. Plötzlich tritt ein Engel Gottes zu den Hirten. Hell leuchtend und glänzend steht er da. Die Hirten erschrecken und fürchten sich sehr. Der Engel aber sagt zu ihnen: „Fürchtet euch nicht! Ich komme von Gott und bringe euch eine frohe Nachricht. Heute ist in Bethlehem der Sohn Gottes geboren. Und so werdet ihr ihn finden: Das Kind liegt in Windeln gewickelt in einer Krippe."
Und plötzlich sehen die Hirten viele Engel. Die Engel loben Gott.

5. Die Hirten an der Krippe
Als die Engel weg sind, sagen die Hirten zueinander: „Kommt! Wir wollen nach Bethlehem gehen und das Kind suchen. Wir wollen den Sohn Gottes sehen."
So machen sich alle Hirten auf den Weg nach Bethlehem. Sie finden Jesus in der Krippe, genau so, wie es der Engel gesagt hat. Die Hirten fallen auf die Knie und danken Gott. Sie erzählen, was ihnen der Engel über Jesus berichtet hat. Voller Freude kehren die Hirten zu ihren Schafen zurück.

6. Die drei Könige an der Krippe
Weit entfernt im Morgenland sehen drei Könige einen hellen, leuchtenden Stern am Himmel. Sie wissen, dass etwas Besonderes geschehen sein muss. Sie kennen sich mit Sternen aus. Dieser Stern sagt ihnen, dass ein neuer König geboren wurde.
Die drei Könige machen sich auf den Weg. Sie folgen dem Stern. Der Stern zieht vor ihnen her und zeigt ihnen den Weg. In Bethlehem bleibt der Stern genau über dem Stall stehen. Die drei Könige betreten leise den Stall. Sie sehen Jesus in der Krippe. Die Könige haben Geschenke für Jesus dabei: Gold, Weihrauch und Myrrhe. Weihrauch und Myrrhe sind wertvolle Kräuter und Gewürze. Die Könige fallen auf die Knie und danken Gott. Sie freuen sich über die Geburt des neuen Königs. Dann gehen sie wieder nach Hause in ihr Land.

Name:

Die Weihnachtsgeschichte

1. Schneide die Bildkarten aus und klebe sie in der richtigen Reihenfolge auf.

2. Schneide die Textkarten aus. Ordne sie den Bildern zu.

①

②

③

④

⑤

⑥

Bild- und Textkarten zur Weihnachtsgeschichte

Die drei Könige kommen zur Krippe.	Jesus wird geboren.
Die Hirten kommen zur Krippe.	Der Engel ist bei Maria.
Der Engel ist bei den Hirten.	Maria und Josef gehen nach Bethlehem.

Name:

Die Weihnachtsgeschichte

Schreibe die Weihnachtsgeschichte auf.

1.

2.

3.

4.

5.

6.

Der Engel kommt zu Maria

Der Engel spricht zu Maria:
Fürchte dich nicht!
Du wirst ein Kind bekommen.
Du sollst ihm den Namen Jesus geben.

Maria und Josef gehen nach Bethlehem

Der Kaiser will die Menschen
in seinem Land zählen.
Maria und Josef wandern nach Bethlehem.
Der Weg ist weit und beschwerlich.

Die Geburt von Jesus

In Bethlehem ist viel los.
Maria und Josef finden keinen Platz
in der Herberge.
Sie gehen in einen Stall.
Dort bekommt Maria ihr Kind.

Der Engel kommt zu den Hirten

Der Engel sagt zu den Hirten:
Fürchtet euch nicht.
Geht schnell nach Bethlehem.
Der Sohn Gottes ist dort geboren.

Die Hirten an der Krippe

Die Hirten gehen nach Bethlehem.
Sie finden das Kind in einer Krippe.
Die Hirten freuen sich.

Die drei Könige an der Krippe

Die drei Könige sehen den hellen Stern.
Sie finden Jesus in der Krippe.
Sie bringen wertvolle Geschenke:
Gold, Weihrauch und Myrrhe.

Weihnachtsbuch – Bildvorlagen

Stabpuppen (1)

Stabpuppen (2)

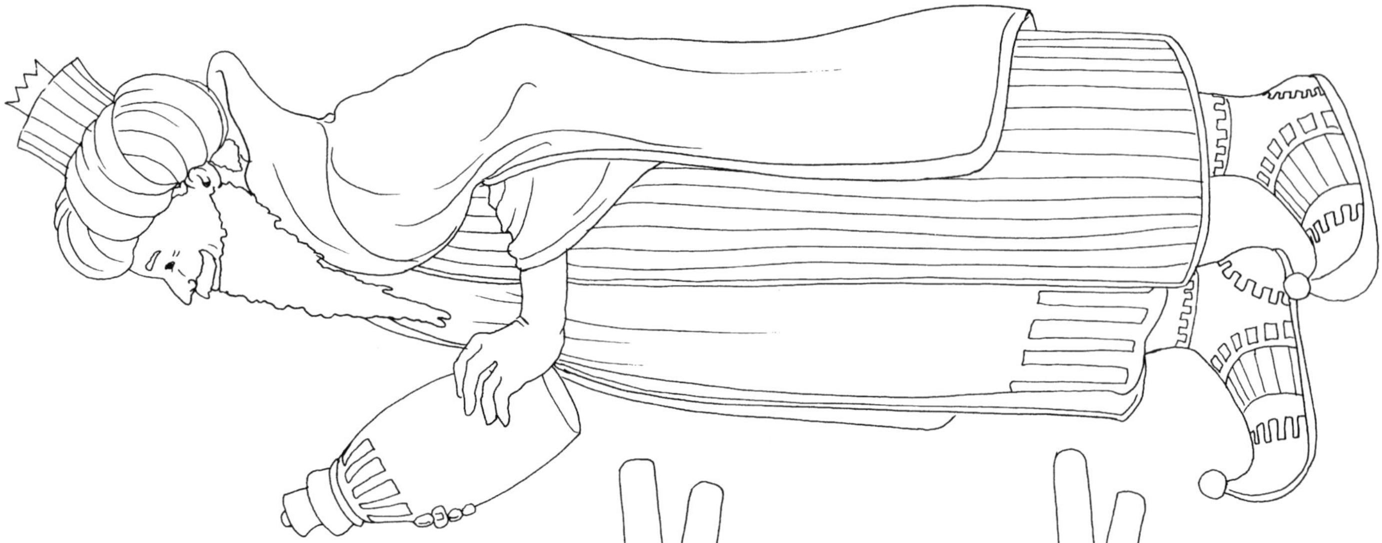

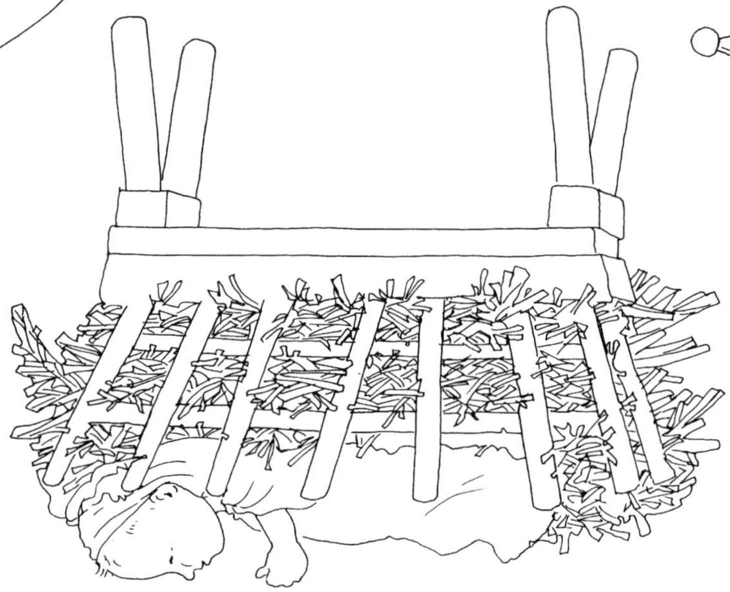

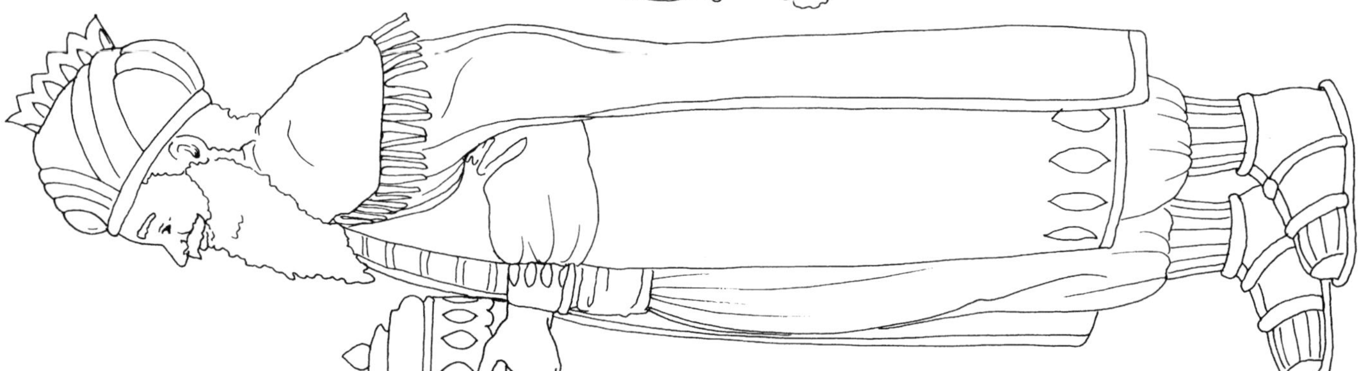

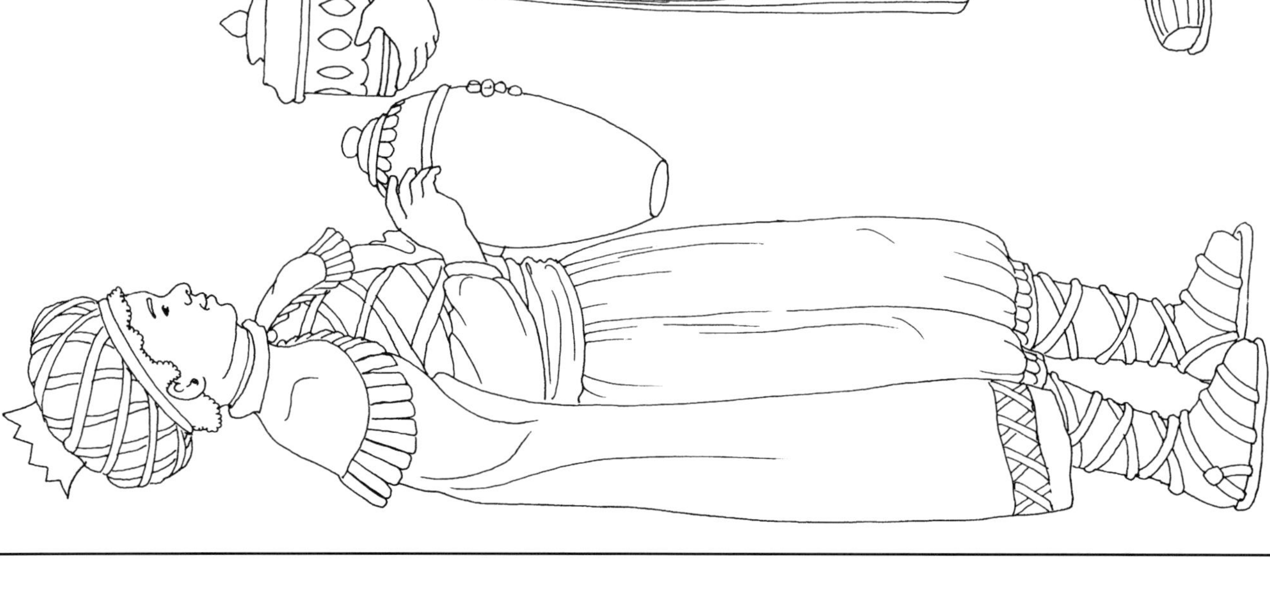

Stabpuppen (3)

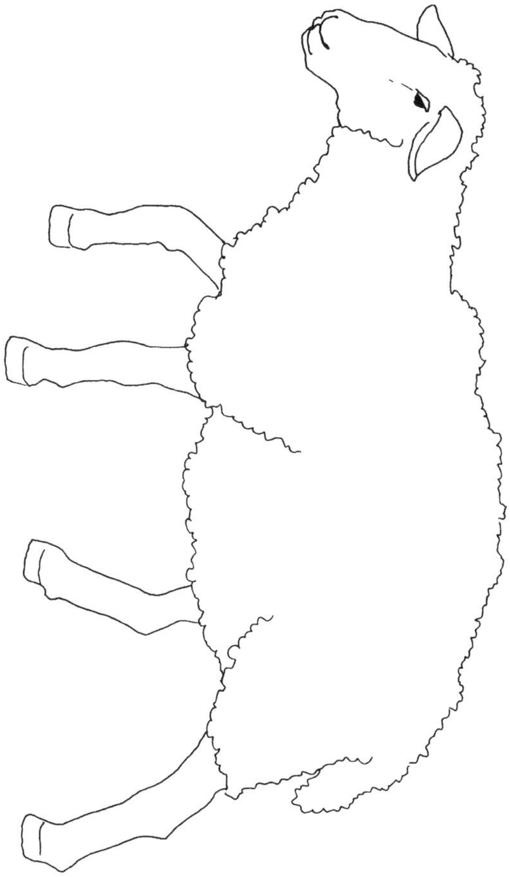

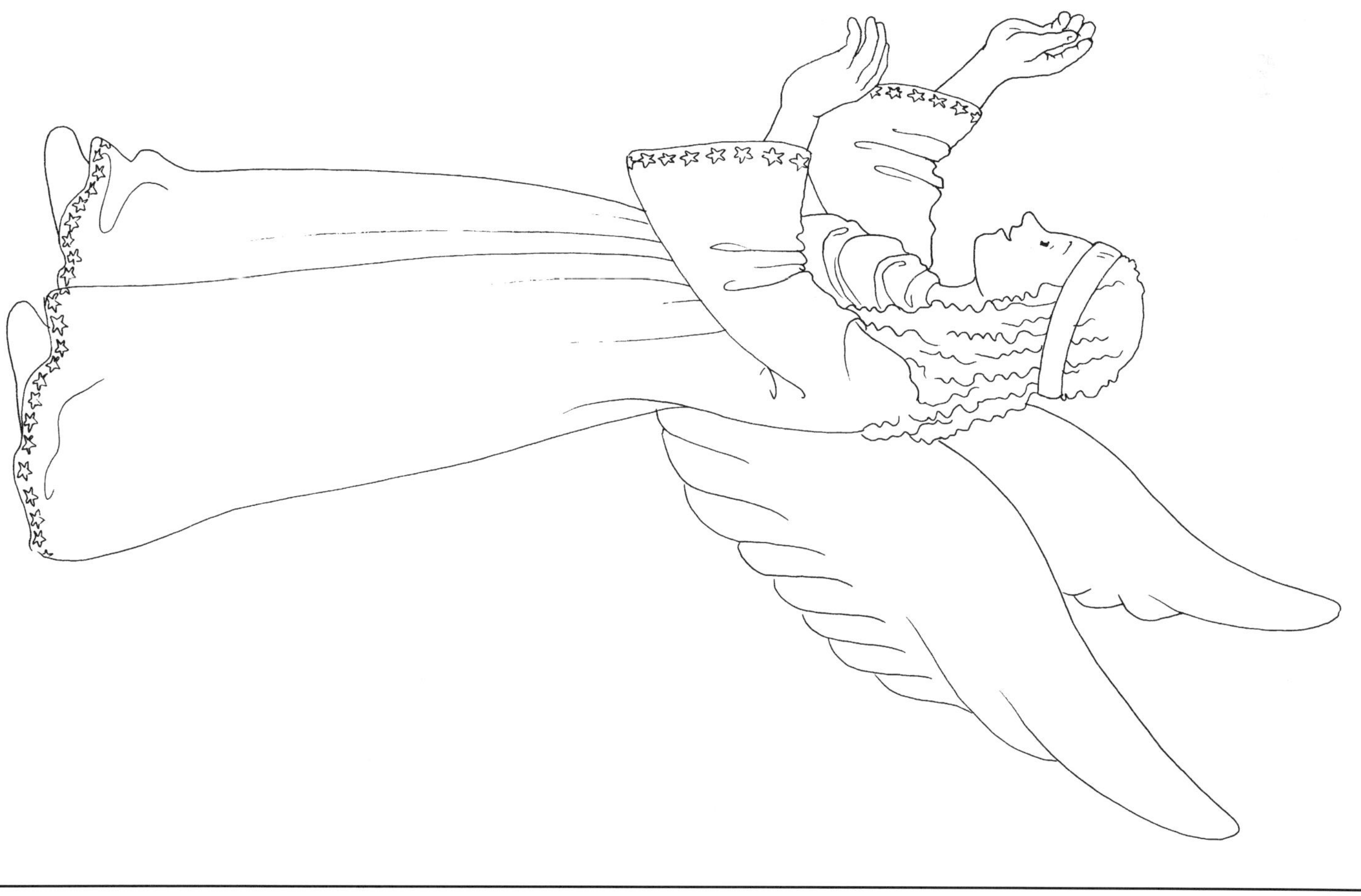

Stabpuppen (4)

Musikalisches Schattenspiel – Regieanweisungen

Einleitung – verdunkelte Schattenwand
Erzähler spricht.

Lied: „Jesus ist geboren" – 1. Strophe

1. Szene – Hintergrundfolie 1 (Stern verdeckt)
Engel geht auf Maria zu. Bei der Botschaft deutet er zuerst gegen den Himmel, dann auf Maria. Maria nickt mit dem Kopf.

2. Szene – Hintergrundfolie 1 (Stern verdeckt)
Kaiser macht befehlende Geste.

3. Szene – Hintergrundfolie 2
Maria und Josef gehen von einer Seite auf die andere. Der Stern ist bereits zu sehen.

4. Szene – Hintergrundfolie 1
Maria und Josef gehen auf den Wirt zu. Der schüttelt den Kopf und zeigt ihnen die Tür.

Lied: „Wer klopfet an" – 1. Strophe

5. Szene – Hintergrundfolie 1
Maria sitzt mit dem Kind auf dem Arm im Stall und wiegt es. Josef steht daneben.

Lied: „Jesus ist geboren" – 2. Strophe

6. Szene – Hintergrundfolie 2
Engel tritt zu den Hirten und zeigt auf den Stern. Hirten hören staunend zu. Engel tritt ab. Die Hirten machen sich auf den Weg.

Lied: „Ein Stern erleuchtet die Nacht"

7. Szene – Hintergrundfolie 1
Hirten fallen vor Maria, die das Kind im Arm hält, auf die Knie.

Lied: „Jesus ist geboren" – 3. bis 5. Strophe

Schluss – Situation der 7. Szene
Erzähler spricht.

Musikalisches Schattenspiel – Sprechtexte

Einleitung

Erzähler: Wir wollen euch heute mit Musik und Bildern eine Geschichte erzählen, die ihr schon lange kennt. Sie ist vor etwa 2000 Jahren geschehen und steht in der Bibel.

1. Szene

Erzähler: Ein Engel brachte Maria eine Nachricht. Mitten in der Nacht stand er vor ihr und sprach:

Engel: Maria, fürchte dich nicht! Ich bringe dir eine Botschaft von Gott. Du sollst einen Sohn bekommen. Er wird der Sohn Gottes sein. Du sollst ihm den Namen Jesus geben.

Erzähler: Maria antwortete:

Maria: Ja, ich will Gott gehorchen! Es soll geschehen, wie du es gesagt hast.

2. Szene

Erzähler: Der Kaiser befahl damals streng:

Kaiser: Ich möchte alle Menschen zählen. Jeder geht in seine Stadt und meldet sich dort.

3. Szene

Erzähler: Josef war der Mann von Maria. Mit ihm machte sie sich auf den weiten Weg nach Bethlehem. Der Weg war schwer und anstrengend. Maria sollte bald ihr Kind bekommen.

4. Szene

Erzähler: Josef und Maria suchten einen Platz in einer Herberge. Doch die Wirte sagten:

Wirt: Nein, die haben kein Geld. Solche Leute kommen nicht in mein Haus!

5. Szene

Erzähler: Weit vor der Stadt fanden Maria und Josef einen Platz in einem alten Stall. Dort bekam Maria ihr Kind und nannte es Jesus.

6. Szene

Erzähler: Still war es in dieser Nacht. Die Hirten wachten bei ihren Schafen. Plötzlich leuchtete ein heller Stern auf und ein Engel trat zu ihnen.

Engel: Ich verkünde euch eine große Freude. Heute ist der Sohn Gottes geboren. Ihr findet ihn in einem Stall. Friede sei allen Menschen!

Erzähler: Die Hirten sprachen zueinander:

Hirten: Kommt, wir wollen gehen, um Jesus zu besuchen.

7. Szene

Erzähler: Die Hirten waren arme Leute. Aber sie kamen als Erste in den Stall. Sie fielen vor Jesus auf die Knie und verehrten ihn.

Schluss

Erzähler: Das war unsere Geschichte. Wir wissen, dass Jesus weiter bei uns ist. Gott vergisst uns auch heute nicht.

Hintergrundfolie 1

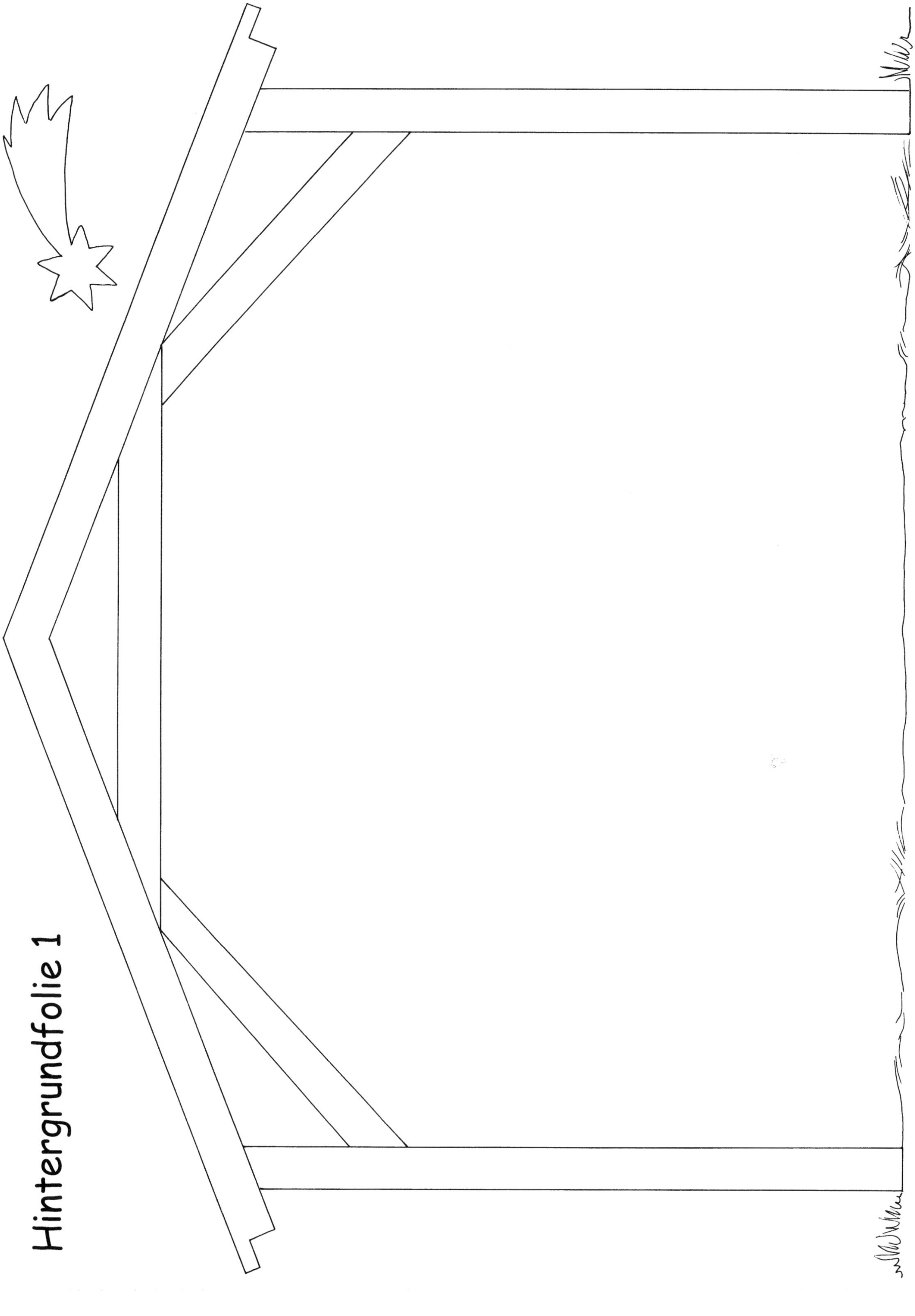

Hintergrundfolie 2

Der Weihnachtsmarkt

Vorbemerkung

Weihnachtsmärkte, in manchen Gegenden auch Christkindlmärkte genannt, sind heute ein fester Bestandteil der Vorweihnachtszeit. Während manche Märkte Wert darauf legen, dass die Stände vor allem Advents- bzw. Weihnachtsschmuck und als Weihnachtsgeschenk geeignete Dinge anbieten, haben andere Märkte inzwischen sehr viel Ähnlichkeit mit einem Jahrmarkt.

Auch an vielen Schulen ist es üblich, dass ein Weihnachtsmarkt mit selbst gebastelten Dingen stattfindet, dessen Erlös einem gemeinnützigen oder wohltätigen Zweck zufließt. Falls an der Schule ein Weihnachtsmarkt veranstaltet wird, können die Kinder Gemeinsamkeiten und Unterschiede mit einem Weihnachtsmarkt in der Stadt herausfinden.

Zur Geschichte des Weihnachtsmarkts
Ursprünglich war der Weihnachtsmarkt einer der vielen Märkte, die das ganze Jahr über stattfanden. Dort erhielten die Menschen alles, was sie für das Weihnachtsfest brauchten: Weihnachtsschmuck, Kerzen, Süßigkeiten und Spielsachen für die Kinder und andere Weihnachtsgeschenke. Der Weihnachtsmarkt fand in der Regel in der Nähe der Hauptkirche statt. Da meist nur ortsansässige Händler ihre Waren anbieten durften, wurde jeder Markt für eine andere Spezialität berühmt: So sind beispielsweise der Nürnberger Christkindlesmarkt für seine Lebkuchen und Zwetschgenmännle, der Dresdner Striezelmarkt für seine Stollen und die Märkte im Erzgebirge für ihre Handwerksarbeiten aus Holz bekannt.

Lehrplanbezug

Deutsch
- Eine Spielregel verstehen, richtig und vollständig weitergeben

Sachunterricht
- Sinneswahrnehmung durch Versuche erfahren
- Spiel für drinnen, Spielregeln erfinden, einhalten und verändern

Zu den Kopiervorlagen

KV Seite 43

Auf dem Weihnachtsmarkt
Es bietet sich an, einen Weihnachtsmarkt einmal unter dem Gesichtspunkt der Sinneswahrnehmung zu besuchen. So können sich die Kinder ganz bewusst auf nur einen Sinn konzentrieren und werden dabei sicherlich erstaunliche Entdeckungen machen. Im Anschluss an den Besuch dürfen sich die Kinder Kinderpunsch und Lebkuchen schmecken lassen.

Nach dem Unterrichtsgang können die Kinder auf der Kopiervorlage eintragen, mit welchen Sinnen sie die Gegenstände wahrnehmen können. Legen Sie die Dinge wenn möglich zur Überprüfung im Klassenzimmer bereit.

Lösung
Aufgabe 1:

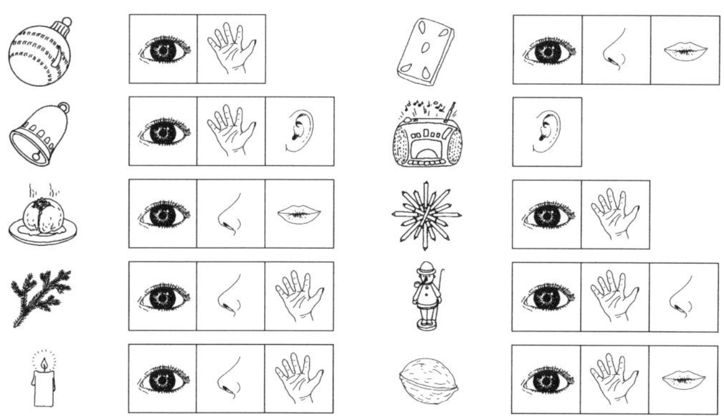

KV Seite 44–47

Besuch auf dem Weihnachtsmarkt – Würfelspiel

Dieses Spiel basiert auf dem thematischen Hintergrund eines Weihnachtsmarktbesuchs. Dabei handelt es sich um ein Wissensspiel rund um die Advents- und Weihnachtszeit. Es kann zur Wiederholung und Sicherung des Gelernten im Anschluss an die Behandlung des adventlichen und weihnachtlichen Brauchtums und der Weihnachtsgeschichte eingesetzt werden. Das Spiel ist für 2 bis 4 Kinder geeignet.

Je nach Wissen der Schüler werden die passenden Fragekarten für das Spiel ausgewählt. Auf den Blankokarten kann eine zusätzliche Frage bzw. ein zusätzliches Ereignis ergänzt werden.

Vorbereitung

Die beiden Seiten des Spielplans (Seite 44/45) werden kopiert und an den Linien zusammengeklebt. Die Kinder können den Spielplan farbig gestalten. Nun wird der Spielplan laminiert oder mit Folie überzogen. Die Frage- und Ereigniskarten (Seite 46/47) werden ebenfalls kopiert, zur besseren Haltbarkeit auf Karton geklebt, auch laminiert oder mit Folie überzogen und auseinandergeschnitten. Die Karten werden nach Frage- und Ereigniskarten sortiert und verdeckt auf die entsprechenden Felder des Spielfeldes gelegt. Jeder Mitspieler benötigt eine Spielfigur, die auf das Startfeld gestellt wird, und einen Würfel.

Spielregeln

1. Alle Kinder würfeln. Der Spieler mit der höchsten Augenzahl beginnt.
2. Jeder zieht der gewürfelten Augenzahl entsprechend vor.
3. Kommt ein Kind auf ein Tannenbaum-Feld, so bekommt es eine Fragekarte vorgelesen. Beantwortet es die Frage richtig, rückt es mit seiner Spielfigur zwei Felder vor.
4. Kommt ein Kind auf ein Lebkuchen-Feld, so zieht es eine Ereigniskarte und befolgt die Anweisungen. Der „Joker" und die „Tauschkarte" werden behalten und dann eingesetzt, wenn man eine Frage nicht beantworten kann. Beim „Joker" braucht die Frage gar nicht beantwortet zu werden. Mit der „Tauschkarte" kann man die Frage gegen eine andere tauschen.
   Wer kommt als Erster ins Ziel?

Name:

Auf dem Weihnachtsmarkt

Auf dem Weihnachtsmarkt kannst du Dinge sehen ,
hören 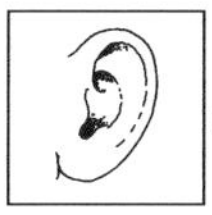, riechen , schmecken 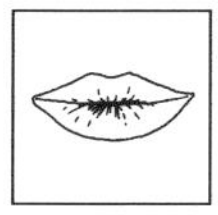 und fühlen .

1. Male die passenden Sinne in die Kästchen.

 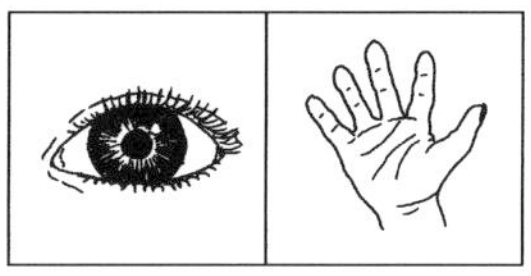

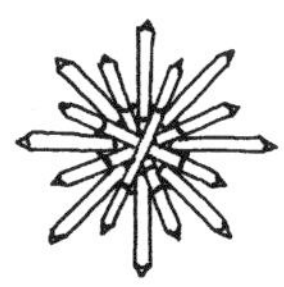

2. Zeichne in das Kästchen einen passenden Gegenstand.

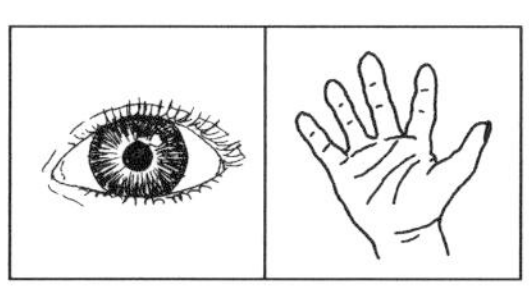

Besuch auf dem Weihnachtsmarkt

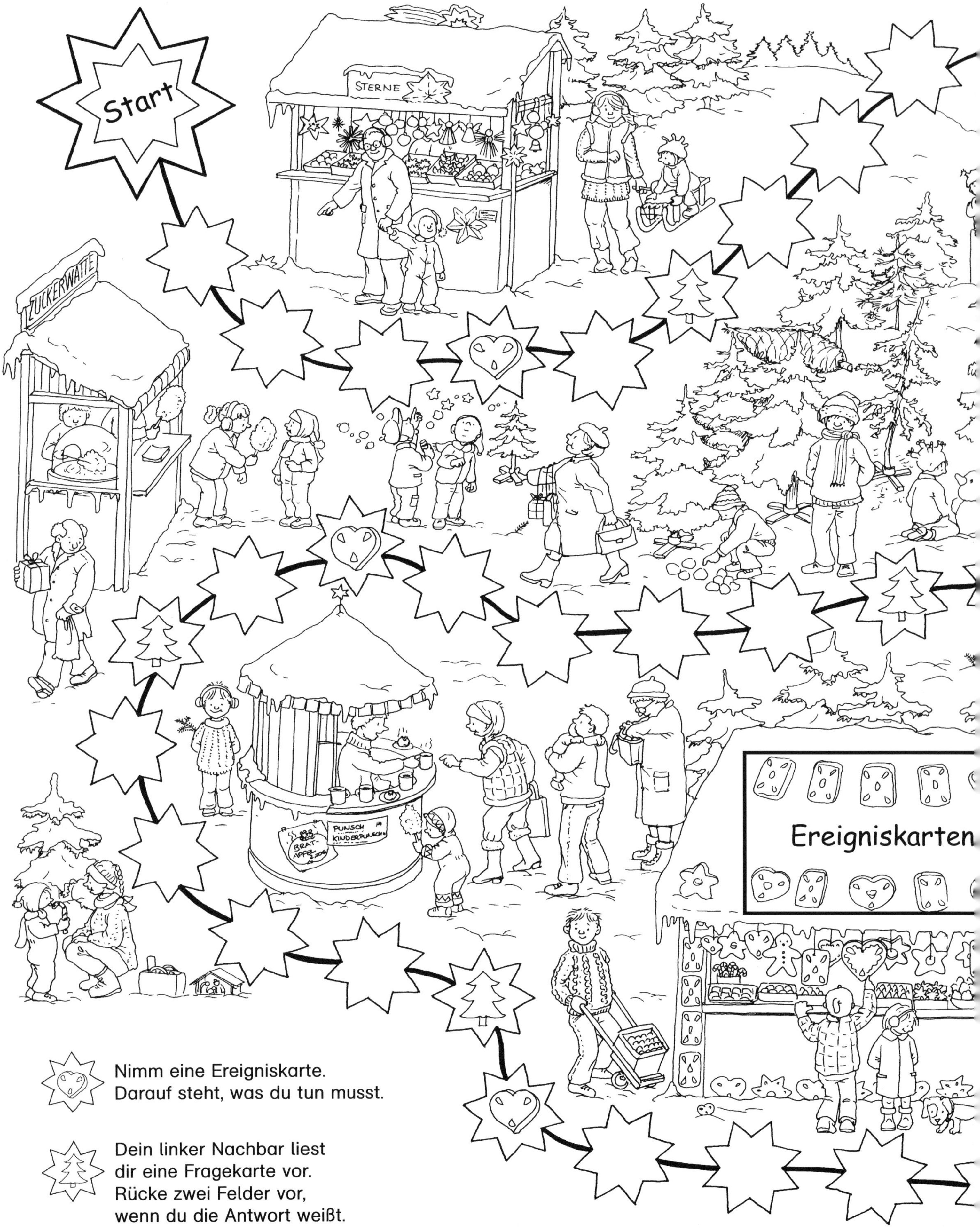

Nimm eine Ereigniskarte.
Darauf steht, was du tun musst.

Dein linker Nachbar liest
dir eine Fragekarte vor.
Rücke zwei Felder vor,
wenn du die Antwort weißt.

Fragekarten
HEISSE MARONI
Ziel

Fragekarten

Wie heißt die Zeit vor Weihnachten? (Advent)	Was bedeutet das Wort Advent? (Ankunft)	Wie viele Kerzen sind auf einem Adventskranz? (vier)
Wie viele Kerzen brennen am 1. Advent auf dem Adventskranz? (eine)	Wie viele Kerzen brennen am 3. Advent auf dem Adventskranz? (drei)	Wann zünden wir eine neue Kerze am Adventskranz an? (sonntags)
Wie viele Türchen hat der Adventskalender? (24)	Wann feiern wir das Fest der heiligen Barbara? (4. Dezember)	Wo wurde die heilige Barbara eingesperrt? (Turm)
Was stellen wir am Barbaratag in die Wohnung? (Barbarazweige)	Wann feiern wir das Fest des heiligen Nikolaus? (6. Dezember)	Wie heißt das Land heute, in dem der heilige Nikolaus lebte? (Türkei)
Welchen Beruf hatte der heilige Nikolaus? (Bischof)	Wann ist das Fest der heiligen Lucia? (13. Dezember)	Was trug die heilige Lucia auf dem Kopf? (Kranz mit Kerzen)
In welchem Land wird das Luciafest besonders gefeiert? (Schweden)	Was backen wir für Weihnachten? (z.B. Plätzchen)	Was schmücken wir zu Weihnachten? (Christbaum)
Womit schmücken wir den Christbaum? Nenne drei Dinge. (z.B. Kugeln, Sterne, Kerzen)	Wann ist der Heilige Abend? (24. Dezember)	Was bekommen Kinder an Weihnachten? (Geschenke)

Fragekarten/Ereigniskarten

Was feiern wir an Weihnachten? (die Geburt Jesu)	Wie heißt die Mutter von Jesus? (Maria)	Wie heißt der Mann von Maria? (Josef)
Welchen Namen bekommt Marias Kind? (Jesus)	Wo wurde Jesus geboren? (Bethlehem)	Wo hinein legt Maria ihr Kind? (Futterkrippe)
Welche Tiere sind bei der Krippe? (Esel, Ochse, Schafe)	Wer erzählt den Hirten von der Geburt Jesu? (Engel)	Wie viele Könige kommen zur Krippe? (drei)
Welche Geschenke bringen die Könige? (Gold, Weihrauch, Myrrhe)	Wie finden die drei Könige den Weg zur Krippe? (ein Stern weist den Weg)	
Würfle noch einmal!	Gehe drei Felder zurück!	Gehe drei Felder vor!
Gehe zwei Felder vor!	Gehe zwei Felder zurück!	Setze einmal aus!
Joker! Behalte die Karte. Löse sie ein, wenn du eine Frage nicht beantworten kannst.	Tauschkarte! Behalte die Karte. Tausche sie gegen eine neue Frage, wenn du eine Frage nicht beantworten kannst.	

Weihnachten in anderen Ländern

Vorbemerkung

Auch wenn die religiösen Ursprünge inzwischen oft in den Hintergrund getreten sind, wird Weihnachten heute fast auf der ganzen Welt gefeiert und verbindet damit die Menschen. Es gibt nach wie vor eine große Vielfalt an traditionellem Brauchtum, das Jahr für Jahr zum Weihnachtsfest gepflegt wird, auch wenn nicht überall Weihnachten an sich im Mittelpunkt steht. Die Unterschiede der Bräuche können dabei u. a. landschaftlich, klimatisch oder auch historisch (durch verschiedene politische Systeme) bedingt sein.

Da das räumliche Vorstellungsvermögen von Kindern der ersten und zweiten Jahrgangsstufe noch überwiegend auf das nähere Umfeld beschränkt ist, wurden bewusst nur Bräuche aus europäischen Ländern ausgewählt. Dabei wurde darauf geachtet, dass das Brauchtum sowohl Gemeinsamkeiten als auch Unterschiede zu den in Deutschland weitgehend üblichen Traditionen aufweist.

Lehrplanbezug

Religion / Ethik
- Weihnachten – ein Fest für alle: Miteinander zur Krippe gehen
- Feste und Bräuche bei Mitschülern aus anderen Ländern
- Feste und Bräuche bei Kindern in anderen Ländern

Deutsch
- Sinnverstehendes Lesen weiterentwickeln
- Einfache Texte inhaltlich erschließen und Informationen entnehmen

Sachunterricht
- Brauchtum anderer Kulturen
- Ein Fest eines anderen Landes/einer anderen Kultur kennenlernen und mit einem Fest in der eigenen Heimat vergleichen (z. B. Bräuche, Festgestaltung)

Anregungen für den Unterricht

Aufgrund der zunehmenden weltweiten Migration begegnen Kinder bereits sehr früh Menschen aus anderen Ländern und Kulturen. In der ersten und zweiten Jahrgangsstufe ist es sicherlich sinnvoll, zunächst die Bräuche näher zu betrachten, die im unmittelbaren Erfahrungsbereich der Kinder liegen. So können Mitschüler, deren Familie aus einem anderen Land stammt, von ihren Bräuchen zu Weihnachten erzählen, die sie zu Hause (noch) pflegen.

Zu den Kopiervorlagen

KV Seite 50–54

Weihnachten in Europa – Lern- und Arbeitskarten

Die wichtigsten Weihnachtsbräuche in Großbritannien, Italien, Polen und Russland werden auf den Lernkarten mit einfachen Texten vorgestellt. Die beiden Kopiervorlagen werden mehrfach kopiert und in der Mitte auf Größe DIN A5 zerschnitten. Sie erhalten so Lernkarten für vier Stationen, wobei an jeder Station die Lernkarte mehrmals vorliegt.

Gestalten Sie die Flaggen auf den Lernkarten farbig (vgl. Seite 49) und laminieren Sie die Karten anschließend.

Die Arbeitskarten werden für die Schüler kopiert und ebenfalls in der Mitte zerschnitten. Es sollten ausreichend Karten vorhanden sein, sodass jeder Schüler mindestens eine Arbeitskarte bearbeiten kann. Arbeitskarten mit Lösungen können an einer separaten Station zur Selbstkontrolle angeboten werden.

Die Lern- und Arbeitskarte zur Europakarte kann an einer weiteren Station als Differenzierungsangebot für schnelle Schüler oder alternativ als Hausaufgabe angeboten werden. Die Kinder sollen die Lage der vier Länder Großbritannien, Italien, Polen und Russland auf der Landkarte bestimmen.

Arbeit mit den Lern- und Arbeitskarten

Jeder Schüler wählt eine Arbeitskarte zu einem der vier Themen. Um die Aufgaben zu lösen, muss jedes Kind alle Stationen mit Lernkarten durchlaufen.

Die Kinder beschäftigen sich dabei selbstständig mit folgenden Themen:
1. Wie sieht die Flagge des jeweiligen Landes aus?
2. Wie schmücken die Menschen ihre Wohnung zum Fest?
3. Wer bringt die Geschenke?
4. Was essen die Menschen gerne zum Fest?

Wenn eine Arbeitskarte vollständig bearbeitet wurde, erfolgt die Kontrolle durch die Kinder selbst. Anschließend können die Kinder eine weitere Arbeitskarte wählen und die Stationen erneut durchlaufen bzw. diese mit ihrem bereits erworbenen Wissen ergänzen.

Lösung

Arbeitskarte 1

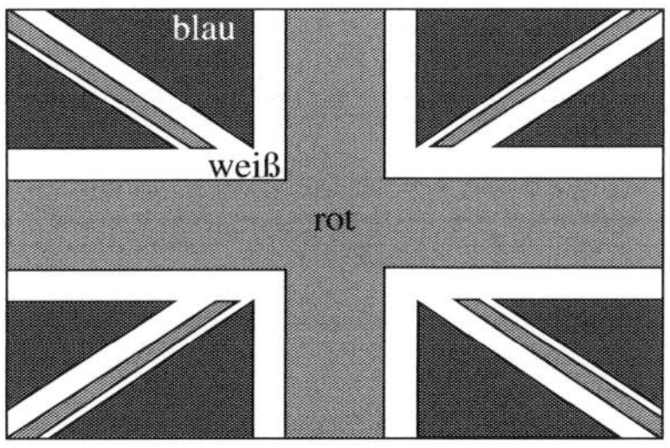

Großbritannien

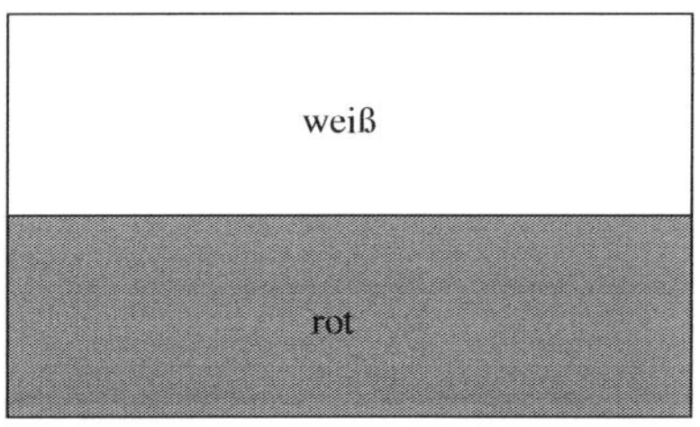

Polen

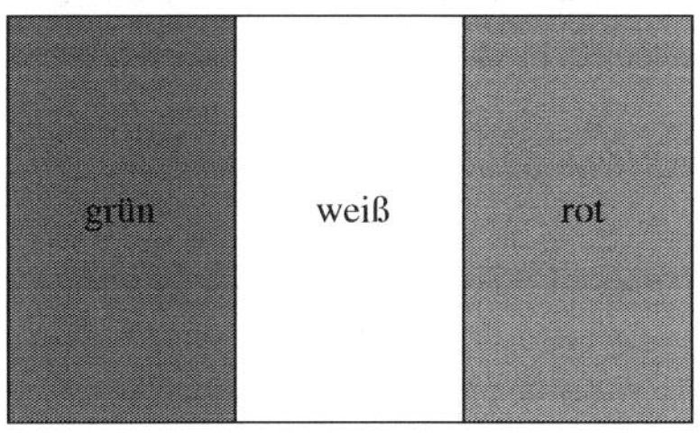

Italien

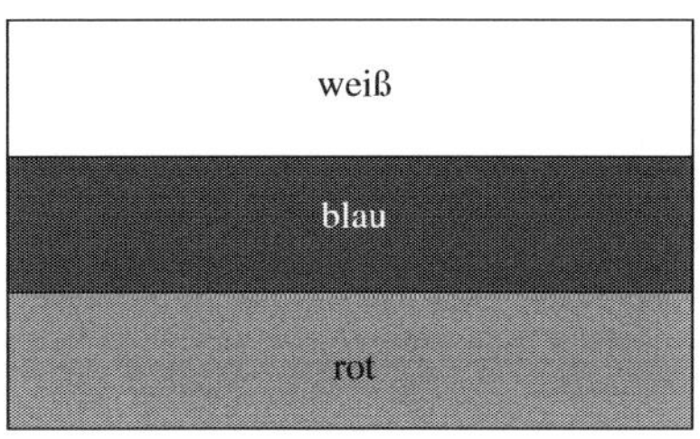

Russland

Arbeitskarte 2

Italien: Krippe
Russland: Neujahrstanne, Lichtergirlande
Großbritannien: Weihnachtskarten
Polen: Weihnachtsbaum, Lametta

Arbeitskarte 3

Väterchen Frost — Russland (1.1.)
Father Christmas — Großbritannien (25.12.)
Snegurotschka — Russland (1.1.)
Hexe Befana — Italien (6.1.)
Christkind — Polen (24.12.)

Arbeitskarte 4

Panettone: Italien	Karpfen: Polen
Truthahn: Großbritannien	Plumpudding: Großbritannien
Salat Olivier: Russland	Weihnachtsoblate: Polen

Arbeitskarte 5

KV Seite 55 **Weihnachten in … / Unser Fest heißt …**

Kinder, die aus anderen als den vier auf den Lernkarten vorgegebenen Ländern stammen, können zusätzlich auf der oberen Karte ihr Brauchtum zu Weihnachten ergänzen. Auch einheimische Kinder können das Brauchtum, wie es in ihrer Familie gepflegt wird, beschreiben. Sicherlich lassen sich hier große Unterschiede feststellen.

Die untere Karte dieser Kopiervolage soll Kindern, die einer anderen Religion angehören bzw. deren Familie nicht Weihnachten feiert, die Möglichkeit bieten ein anderes Fest zu beschreiben. Es können Vergleiche zwischen diesem Fest und Weihnachten angestellt werden.

Auch andere Religionen kennen ein Fest, an dem die Kinder beschenkt werden, z. B.:

Judentum: Chanukka (Lichterfest)
Islam: Seker Bayrami, das „Fest des Fastenbrechens“, auch „Zuckerfest“ genannt (Ende des Fastenmonats Ramadan)
Hinduismus: Divali (Indisches Neujahrsfest)
Buddhismus: Wesak (Geburt Buddhas)

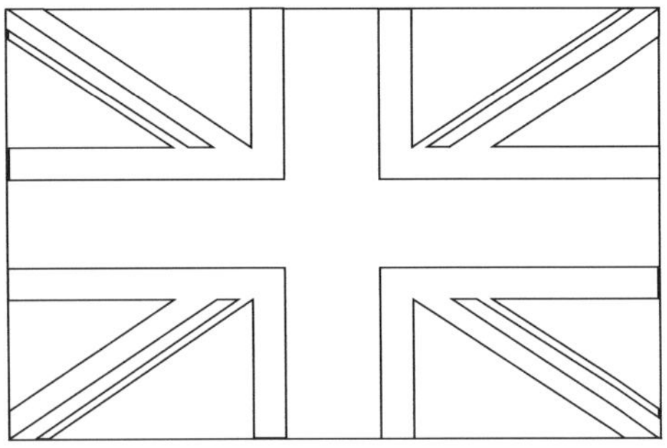

Lernkarte 1

Großbritannien

Die Briten stellen einen Tannenbaum in ihrer Wohnung auf. Sie verschicken viele Weihnachtskarten. Die Karten, die sie erhalten, werden auf einer Leine in der Wohnung aufgehängt.

Die Kinder hängen am Kamin ihre Socken auf. Father Christmas kommt in der Nacht durch den Kamin. Er steckt die Geschenke in die Socken.
Am 25. Dezember packen die Kinder morgens ihre Geschenke aus.

An Weihnachten essen die Briten gerne Truthahn. Als Nachtisch gibt es Plumpudding (sprich: plampadding). Der schmeckt wie Früchtekuchen.

Die Leute wünschen sich: Merry Christmas!

Lernkarte 2

Italien

An Weihnachten stellen die Italiener prachtvolle Krippen auf. Sie sind wichtiger als der Weihnachtsbaum.

Die gute Hexe Befana fliegt auf ihrem Besen von Haus zu Haus. Sie kommt durch den Schornstein und bringt die Geschenke. Wer nicht brav war, bekommt auch ein Stück schwarze Kohle. Am Morgen des 6. Januar finden die Kinder die Geschenke in den bereitgestellten Schuhen oder Strümpfen.

In der Weihnachtszeit isst man in Italien gerne Panettone. Es schmeckt wie Rosinenbrot.

Die Leute wünschen sich: Buon Natale!

Lernkarte 3

Polen

In Polen hängen am Weihnachtsbaum bunte Kugeln und Lichter und natürlich auch Lametta. Unter den Baum wird etwas Heu gelegt. Es erinnert an den Stall, in dem Jesus zur Welt kam.

Wenn am 24. Dezember der erste Stern am Himmel zu sehen ist, bricht sich jeder ein Stück von der Weihnachtsoblate ab. Zum Abendessen gibt es 12 Gerichte. Das Hauptgericht ist Karpfen.

Nach dem Essen werden die Geschenke ausgepackt, die das Christkind bereits unter den Weihnachtsbaum gelegt hat. Um Mitternacht gehen alle in die Kirche.

Die Leute wünschen sich: Wesołych Świąt Bożego Narodzenia!

Lernkarte 4

Russland

In Russland ist Weihnachten nicht wichtig. Aber der Jahreswechsel wird groß gefeiert. Die Russen stellen eine Neujahrstanne in ihre Wohnung. Sie wird mit Lichtergirlanden, Eiszapfen und Kugeln geschmückt.

Am Morgen des 1. Januar finden die Kinder ihre Geschenke unter der Tanne. Väterchen Frost und seine Enkelin Snegurotschka, das Schneemädchen, haben sie in der Nacht gebracht.

Zum großen Festessen gibt es viele Vorspeisen. Die Menschen essen gerne Salat Olivier. Das ist ein russischer Salat mit Kartoffeln, Wurst, Eiern und Gemüse.

Die Leute wünschen sich: S novym godom! (Gutes neues Jahr!)

Arbeitskarte 1

Kennst du dich mit Flaggen aus?

Male die Flaggen wie auf den Lernkarten aus.
Schreibe das passende Land dazu.

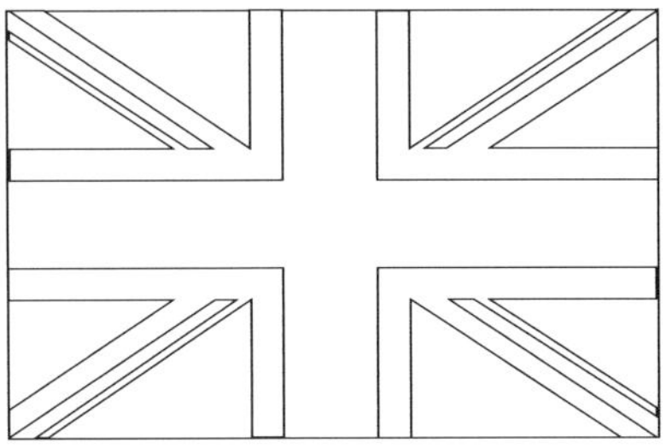

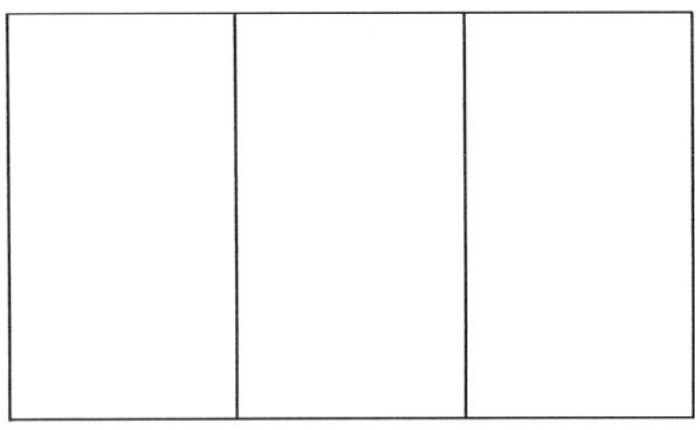

Arbeitskarte 2

Kennst du dich mit Weihnachtsschmuck aus?

Wie schmücken die Menschen ihre Wohnung zum Fest?
Ordne die Wörter den Ländern zu.

Lametta

Heu Krippe Neujahrstanne Lichtergirlande Weihnachtskarten

Italien

Russland

Großbritannien

Polen

Welchen Weihnachtsschmuck gibt es bei dir zu Hause?

Arbeitskarte 3

Kennst du dich mit Geschenkebringern aus?

Wer bringt in den Ländern die Geschenke? Verbinde.

Väterchen Frost •		
Father Christmas •	• Italien	☐
Snegurotschka •	• Großbritannien	☐
Hexe Befana •	• Polen	☐
Christkind •	• Russland	☐

An welchem Tag bekommen die Kinder die Geschenke?
Schreibe jedes Datum in das richtige Kästchen.

24.12. – 25.12. – 1.1. – 6.1.

Arbeitskarte 4

Kennst du dich mit Weihnachtsessen aus?

Was essen die Menschen gerne zum Fest?
Schreibe zu den Speisen das passende Land.

Panettone ____________

Truthahn ____________

Salat Olivier ____________

Karpfen ____________

Plumpudding ____________

Weihnachtsoblate ____________

Lernkarte 5

Europa

1 Slowenien
2 Kroatien
3 Bosnien-Herzegowina
4 Albanien
5 Mazedonien
6 Serbien
7 Montenegro
8 Luxemburg

Arbeitskarte 5

Weihnachten in Europa

Wo liegen Großbritannien, Italien, Polen und Russland? Male diese Länder farbig aus und schreibe die Namen dazu.

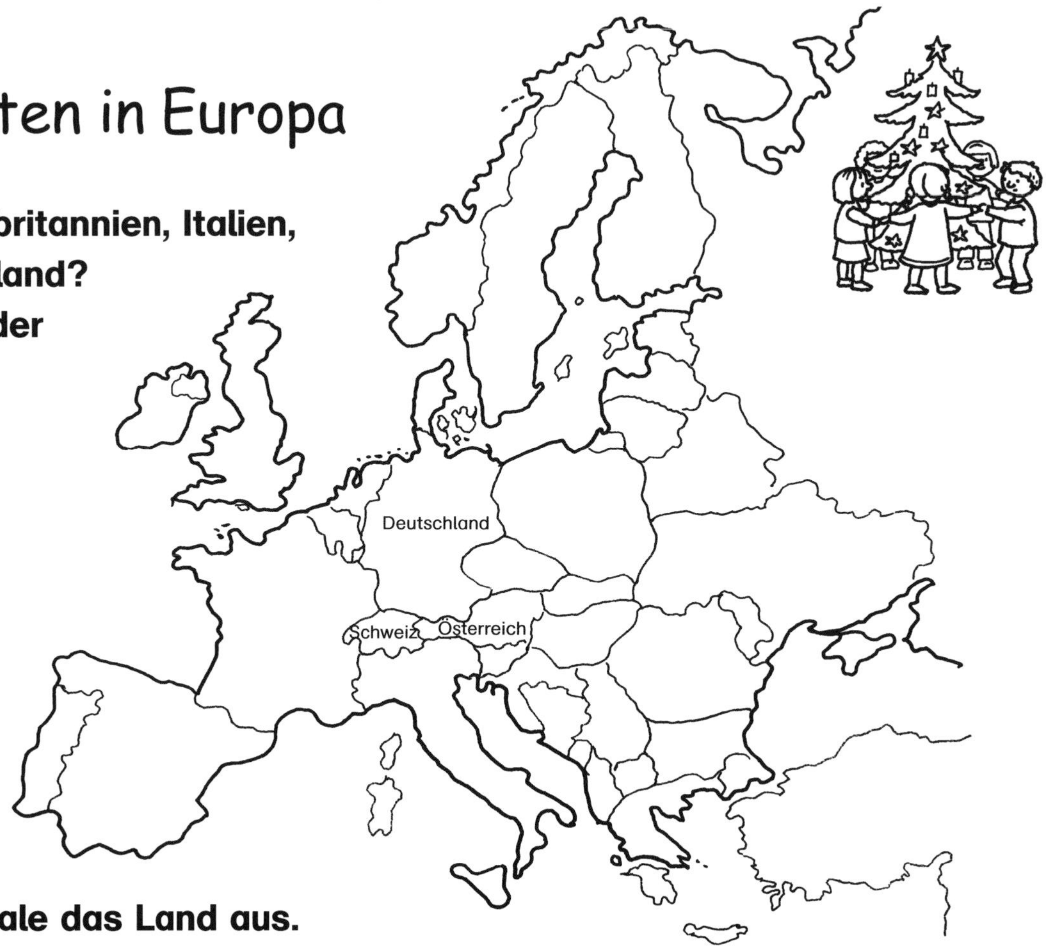

Wo lebst du? Male das Land aus.

 Materialien für den Unterricht: Ingrid Sachs, Weihnachten in der 1. und 2. Klasse

Weihnachten in

Glückwunsch:

Die Geschenke bringt:

Das gibt es zu essen:

So schmücken wir unsere Wohnung:

So feiern wir:

Unser Fest heißt:

Unser Land ist:

Das feiern wir:

Das gibt es zu essen:

So schmücken wir unsere Wohnung:

So feiern wir:

2. Kapitel: Lernen zur Weihnachtszeit

Vorbemerkung

Im Zusammenhang mit Weihnachten werden einige Aspekte aus den Lehrplänen der Fächer Deutsch und Mathematik aufgegriffen. Dazu werden Übungen angeboten, die überwiegend spielerisch gelöst werden können, ohne dass Leistungsdruck entsteht.

Zu den Kopiervorlagen

Lehrplanbezug Deutsch
- Bewusst und deutlich sprechen
- Anlaute analysieren und unterscheiden
- Laute und Buchstaben bzw. Buchstabenkombinationen einander zuordnen

KV Seite 60

Weihnachtsbaumschmuck – Domino

Die Kopiervorlage wird kopiert, eventuell ausgemalt, laminiert und ausgeschnitten. Das Domino eignet sich für Einzelarbeit oder Partnerarbeit und wird nach den bekannten Regeln gespielt.

Durch lautes, deutliches Sprechen finden die Kinder den zu den Bildern passenden Anlaut und ordnen ihm das entsprechende Schriftbild zu.

Lehrplanbezug Deutsch
- Laute und Buchstaben bzw. Buchstabenkombinationen einander zuordnen
- Wörter nach ihrer Lautfolge abhören
- Lautgetreue Wörter in Schriftsprache umsetzen

KV Seite 61

Weihnachtswörter

Im Sinne des „phonetischen Schreibens“ sollen die Kinder Wörter zu Weihnachten aufschreiben. Es handelt sich ausschließlich um sogenannte „lauttreue Wörter“, jedem Laut kann also eindeutig ein Buchstabe bzw. eine Buchstabenverbindung zugeordnet werden. Die Schüler können eine Anlauttabelle benutzen. Da viele Anlauttabellen zu Beginn nur mit Großbuchstaben arbeiten, kommen sie auch hier zur Anwendung.

Lösung
L-E-B-K-U-CH-E-N
CH-R-I-S-T-B-AU-M
K-E-R-Z-E
G-E-SCH-E-N-K
A-PF-E-L

Lehrplanbezug Deutsch
- Laute und Buchstaben bzw. Buchstabenkombinationen einander zuordnen
- Die Abfolge der Buchstaben als Reihenfolge der Laute erkennen und umgekehrt

KV Seite 62

Der Weihnachtsbaum

Zunächst malen die Kinder das Bild der Anleitung entsprechend aus. Anschließend ergänzen sie einfache Sätze zum Ausmalbild. Alle Wörter sind lauttreu und können mithilfe der Anlauttabelle verfasst werden.

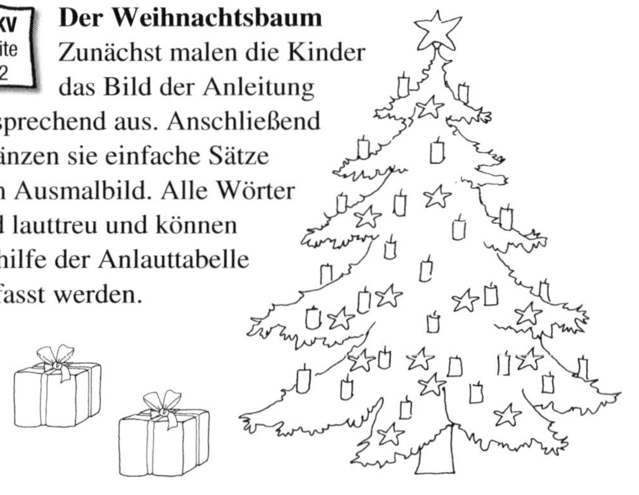

Lehrplanbezug Deutsch
- Wörter sinnerfassend lesen (Wort-Bild-Zuordnungen)
- Wortbedeutungen klären und den Wortschatz erweitern

KV Seite 63

An der Krippe – Wort-Bild-Memory

Diese Kopiervorlage bietet ein Memory zum Thema „Krippe“ mit den dazu gehörenden Personen und Tieren. Jeweils eine Wort- und eine Bildkarte bilden ein Memory-Paar.

Das Arbeitsblatt wird kopiert, eventuell ausgemalt, laminiert und ausgeschnitten. Das Memory eignet sich für zwei bis drei Spieler und wird nach den bekannten Regeln gespielt.

Lehrplanbezug Deutsch
- Reime bilden – Anlaute analysieren und unterscheiden
- Wortbedeutungen klären und den Wortschatz erweitern

KV Seite 64

Reimwörter

Mithilfe der Bilder und eventuell einer Anlauttabelle lesen die Kinder die vorgegebenen Wörter. Dazu finden sie jeweils Reimwörter und schreiben sie auf. Die vorgegebenen Buchstaben helfen dabei.

Da alle Wörter in Großbuchstaben geschrieben werden, müssen sich die Reimwörter nicht auf Nomen beschränken.

Lehrplanbezug Deutsch
- Freie und angeleitete Sätze schreiben

KV Seite 65

Weihnachtsvorbereitungen

Die Schüler verbinden zuerst jeweils ein Namenwort mit einem passenden Tunwort. Anschließend bilden die Kinder aus diesen Paaren einfache Sätze in der Ich-Form.

Lösung

Aufgabe1:

Geschenke	anzünden
Kerze	verpacken
Sterne	backen
Plätzchen	schmücken
Weihnachtsbaum	basteln

Lehrplanbezug Deutsch
- Wörter sinnerfassend lesen
- Zusammensetzungen aus Namenwörtern finden

KV Seite 66

Weihnachtsdomino

Die Kinder finden zum ersten Teil der zusammengesetzten Namenwörter eine passende Ergänzung. Die Abbildung am Rand der Kärtchen dient dabei als Hilfe und zugleich der Selbstkontrolle.

Die Kopiervorlage wird kopiert, eventuell ausgemalt, laminiert und ausgeschnitten. Das Domino eignet sich für Einzel- oder Partnerarbeit.

Lehrplanbezug Deutsch
- Zusammensetzungen aus Namenwörtern finden und erkennen

KV Seite 67

Zusammengesetzte Weihnachtswörter

In den ersten zwei Aufgaben wird die Bildung von zusammengesetzten Namenwörtern geübt. Weisen Sie dabei die Kinder darauf hin, dass der Anfangsbuchstabe des zweiten Wortes bei der Zusammensetzung kleingeschrieben wird. Bei der dritten Übung sollen die Wörter in ihre Wortbestandteile zerlegt werden.

Lösung

Aufgabe 1:
Weihnachtsbaum
Krippenspiel
Kerzenlicht
Adventskranz

Aufgabe 2:
Adventskalender
Glockenklang
Krippenspiel
Schneeflocken
Strohstern
Tannenzweig
Weihnachtsmarkt

Lehrplanbezug Deutsch
- Fehlende Anfangsbuchstaben aus dem Wortzusammenhang erschließen
- Das Abc kennenlernen und anwenden: Wörter ordnen

KV Seite 68

Das Weihnachts-Abc

Die Kinder ergänzen die fehlenden Anfangsbuchstaben der Wörter. Im Anschluss daran ordnen sie die Wörter nach dem Alphabet und schreiben sie auf. Nicht für alle Buchstaben ist ein Wort vorgesehen.

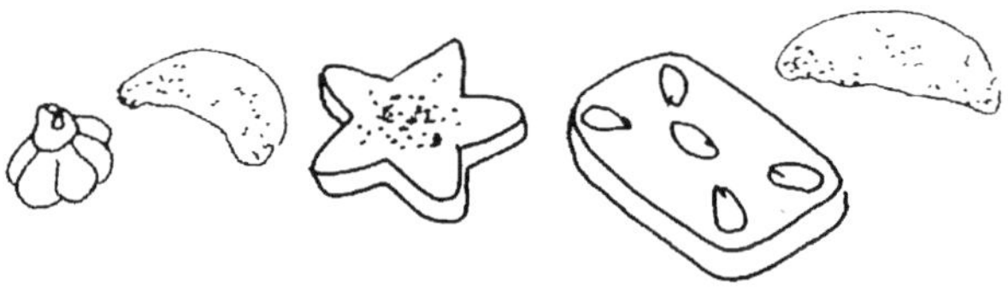

Lehrplanbezug Deutsch
- Freie Texte schreiben: Akrostichon

KV Seite 69

Weihnachtsverse

Mit dem Schreiben eines Akrostichons werden die Kinder an eine kreative Gedichtproduktion herangeführt, die eingängig ist und der Konzentrationsfähigkeit der Kinder angemessen ist. Die Schüler ordnen dabei den einzelnen Buchstaben eines Wortes jeweils ein neues Wort zu, das mit dem Ursprungswort in Verbindung steht. In steigendem Schwierigkeitsgrad ordnen die Kinder vorgegebene Wörter zu einem Akrostichon an. Schließlich schreiben sie ein Akrostichon zu einem selbst gewählten Wort. Selbstverständlich ist es auch möglich, dass die Kinder zu jedem Buchstaben nicht nur ein Wort, sondern einen ganzen Satz schreiben.

Lösung

Aufgabe 1:	*Aufgabe 2:*
S tern	G eschenk
C hristkind	L ametta
H irte	O chse
E sel / E ngel	C hristkind
N uss / N ikolaus	K rippe
K ugel	E sel
E ngel / E sel	
N ikolaus / N uss	

Lehrplanbezug Deutsch
- Wörter einprägen, vergleichen und aufschreiben
- Zusammensetzungen aus Namenwörtern finden und erkennen

Die Unterrichtsmaterialien auf den Seiten 70–74 können in der Weihnachtszeit lehrplanunabhängig in der Freiarbeit angeboten werden. Die Kopiervorlagen werden kopiert (evtl. auf farbiges Papier), in der Mitte geknickt und anschließend laminiert oder mit Folie überzogen.

Die Schüler bearbeiten die Karten nun mit Folienstift. Auf der Rückseite der Karte finden sie die richtige Lösung zur Selbstkontrolle. Anschließend wird der Folienstift wieder abgewischt und das nächste Kind kann die Karte beschriften.

KV Seite 70

Suchrätsel 1

Lassen Sie die Kinder die vorgegebenen Wörter im Buchstabengitter einkreisen und anschließend aufschreiben. Auf diese Weise prägen sie sich das Wortbild ein.

KV Seite 71

Suchrätsel 2

Im Buchstabengitter sind zehn Namenwörter versteckt, die in Bezug zur Weihnachtskrippe stehen. Die Großschreibung der Anfangsbuchstaben hilft den Kindern die Wörter zu finden. Auch hier prägen sich die Kinder das Wortbild ein.

KV Seite 72

Rätselgitter 1

Die Kinder finden zu den Bildern passende Namenwörter, die aus den vorgegebenen Silben zusammengesetzt werden. Alle Wörter bestehen aus zwei Silben.

KV Seite 73

Rätselgitter 2

Aufgabe der Kinder ist es, zu den Bildern passende Wörter zu finden, die aus den vorgegebenen Silben zusammengesetzt werden sollen. Es handelt sich dabei überwiegend um zusammengesetzte Namenwörter, die aus mehreren Silben bestehen.

KV Seite 74

Viele Sterne

Hier sollen zusammengesetzte Namenwörter mit „STERN" gebildet werden. Es wird sowohl als Grundwort (-stern) als auch als Bestimmungswort (Stern-) gebraucht. Nötige Fugenzeichen werden von den Kindern eingefügt.

Lehrplanbezug Mathematik
- Nicht-geometrische Flächenformen erkennen
- Tastsinn erproben

KV Seite 75

Tastfiguren

Die Kopiervorlage wird auf Karton kopiert, die Motive werden ausgeschnitten. Zusätzlich können die Motive einseitig mit Sandpapier beklebt und erneut ausgeschnitten werden.

Die Formen werden nun unter ein Tuch oder in ein Säckchen gelegt. Die Kinder ertasten sie, erraten ihre Form und benennen sie.

Lehrplanbezug Mathematik
- Aufgabe zur Kombinatorik

KV Seite 76

Verschiedene Geschenke

Durch Probieren sollen die Schüler möglichst alle Kombinationsmöglichkeiten von Geschenkpapier und Schleife finden. Leistungsstärkere Schüler können für die Aufgabe eine systematische Vorgehensweise entwickeln.

Lehrplanbezug Mathematik
- Flächen mit Formen auslegen
- In einer Gesamtfigur geometrische Teilformen wiederfinden

KV Seite 77/78

Tangram „Stern“
Tangram „Weihnachtsbaum“

Tangram ist ein Legespiel, das geometrische Grunderfahrungen ermöglicht. Das zugrunde liegende Prinzip ist, dass eine Grundfläche in (geometrische) Formen zerlegt wird. Auf den Kopiervorlagen werden weihnachtliche Formen als Grundlage verwendet.

Die Arbeitsblätter werden kopiert und alle Einzelteile ausgeschnitten und laminiert oder mit Folie überzogen. An der Grauschattierung ist die Vorderseite erkennbar.

Die Schüler sollen nun alle Teile in die Gesamtform legen, sodass diese ganz ausgefüllt ist. Die Tangramspiele eignen sich auch für die Freiarbeit.

Lösung Seite 77

Lösung Seite 78

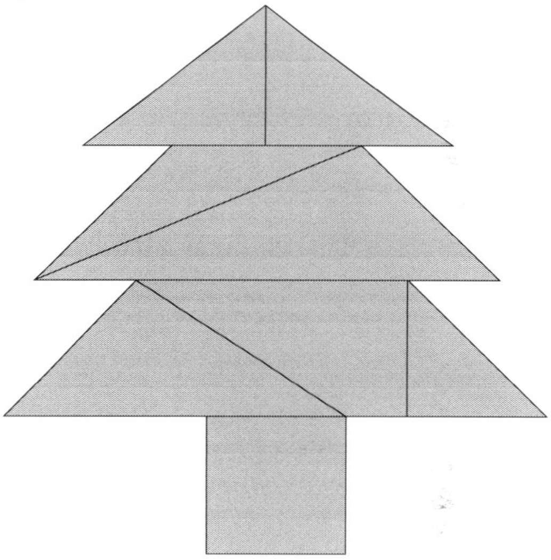

Weihnachtsbaumschmuck – Domino

START 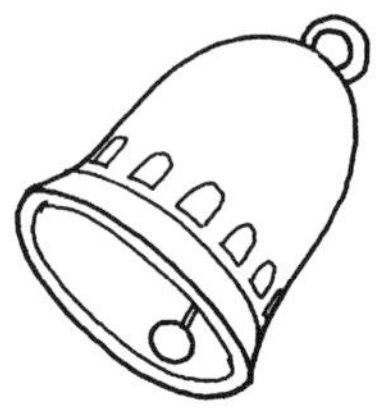	K 
A 	L 
SCH 	G 
N 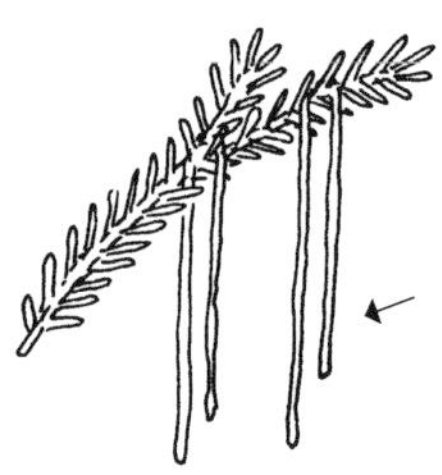	ST 
E 	B ZIEL

Name:

Weihnachtswörter

Schreibe die Weihnachtswörter auf. Du kannst deine Anlauttabelle benützen.

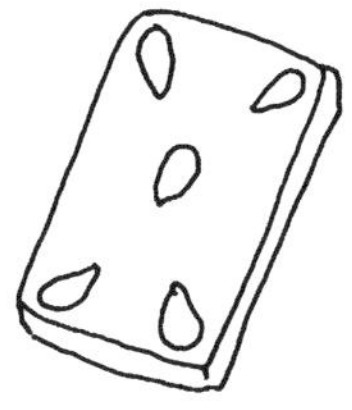

L E B _ _ _ _ _

CH R I S T _ _ _

_ _ _ _ _

_ _ _ _ _ _

_ _ _ _

Name:

Der Weihnachtsbaum

1. Male das Bild aus.

◇ = BLAU
○ = ROT
□ = GELB
△ = GRÜN

2. Schreibe passende Sätze auf.

DER B______________ IST ______________.

DIE ST______________ SIND ______________.

DIE K______________ SIND ______________.

DIE G______________ SIND ______________ UND ______________.

An der Krippe – Wort-Bild-Memory

	Josef		Maria
	Krippe		Könige
	Hirte		Stern
	Schaf		Ochse
	Esel		Engel

Name:

Reimwörter

1. Schreibe die Reimwörter auf.

STERN

K

F

G

NUSS

K

G

M

BAUM

TR

R

S

GLOCKE

FL

S

H

2. Kennst du alle Wörter? Wenn nicht, frage nach.

Name:

Weihnachtsvorbereitungen

1. Was gehört zusammen?
Verbinde jedes Namenwort mit einem passenden Tunwort.

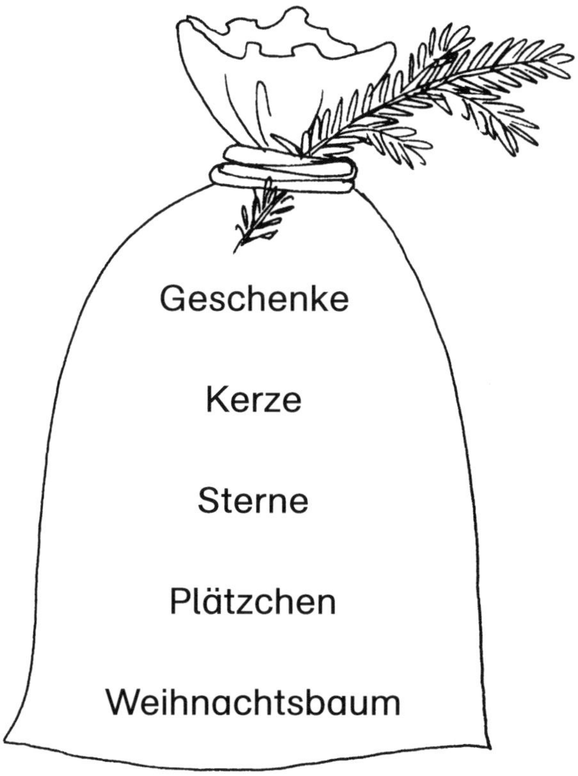

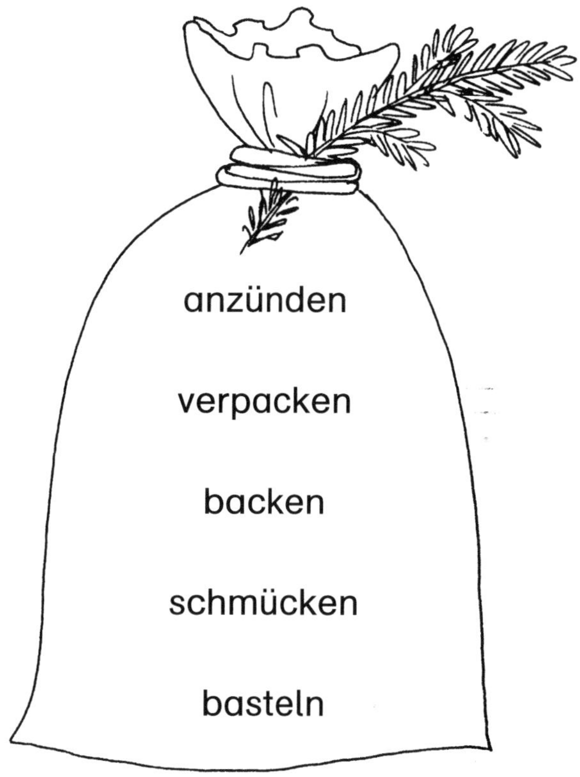

2. Was bereitest du für Weihnachten vor?
Schreibe Sätze auf.

Ich backe

Weihnachtsdomino

START	Advents- 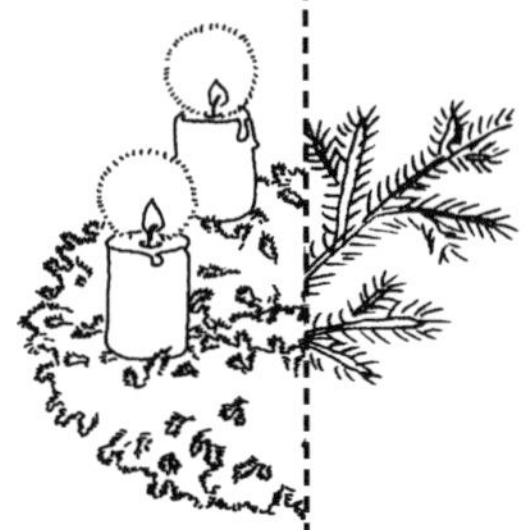	-zweig	Plätzchen- 
 -spiel	Weihnachts- 	-klang	Brat- 
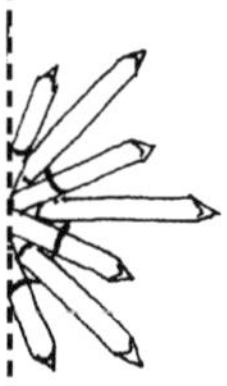 -stern	Glocken- 	-licht	Tannen- 
 -kranz	Kerzen- 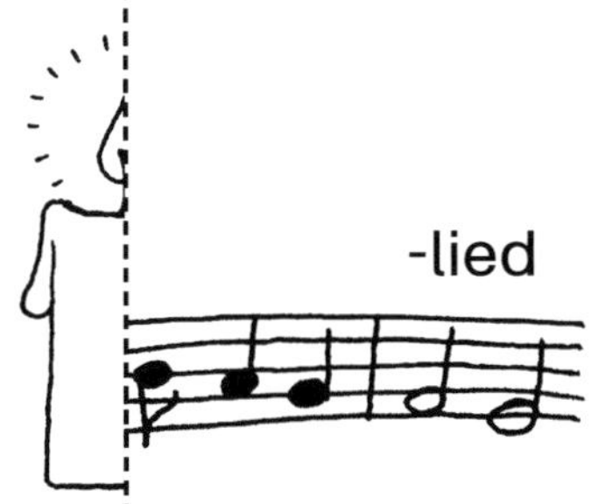	-lied	Stroh- 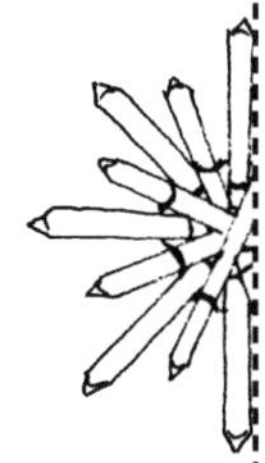
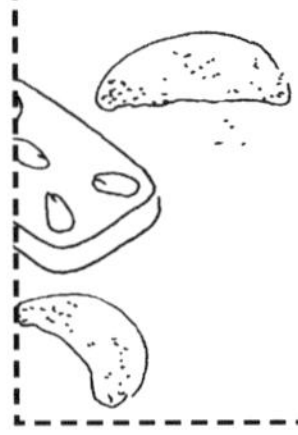 -teller	Krippen- 	-apfel	ZIEL

Name:

Zusammengesetzte Weihnachtswörter

1. Schreibe die zusammengesetzten Namenwörter auf.

Weihnachts +  =

 + n + Spiel =

 + Licht =

Advents + 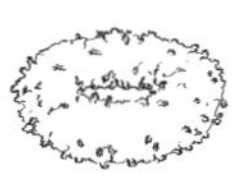 =

2. Bilde zusammengesetzte Namenwörter. Verwende immer ein Wort aus dem ersten Geschenk und ein Wort aus dem zweiten Geschenk. Schreibe sie auf.

+

3. Zerlege die Wörter in einzelne Namenwörter.

PFEFFERKUCHENMANN: PFEFFER + +

WACHSKERZENSCHEIN:

Name:

Das Weihnachts-Abc

1. Finde die richtigen Anfangsbuchstaben.

__weig	__dventskalender	__ratapfel	__ern
__irte	__eschenk	__ngel	__lätzchen
__aria	__chse	__osef	__uss
__annenbaum	__rippe	__ametta	__ristkind

2. Ordne die Wörter nach dem Abc.

Achtung: Es gibt nicht für jeden Buchstaben des Abc ein Wort!

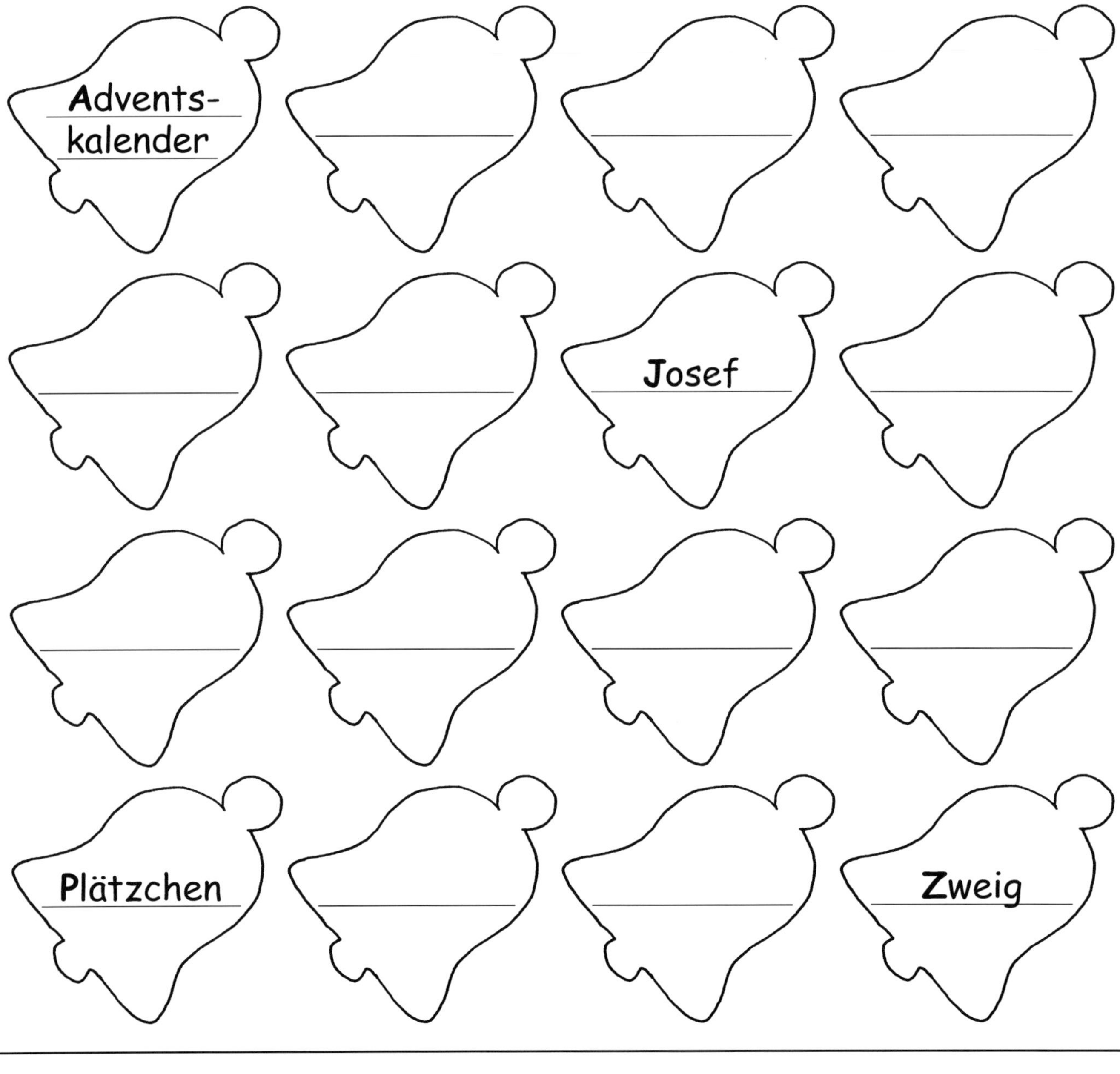

Name:

Weihnachtsverse

Einen Vers, bei dem die ersten Buchstaben jeder Zeile – von oben nach unten gelesen – ein neues Wort ergeben, nennt man Akrostichon.

1. Setze die Wörter richtig ein.

Beispiel:

G locke
E sel
S tern
C hristbaum
H irte
E ngel
N uss
K erze

S

C

H

E

N

K

E

N

Christkind
Stern
Hirte
Esel
Nuss
Kugel
Engel
Nikolaus

2. Verteile die Wörter richtig. Es gibt nur eine Lösung.

Christkind
Glocke
Geschenk
Esel
Krippe
Ochse
Lametta

Suchrätsel 1

Finde diese Weihnachtswörter. Kreise sie ein und schreibe sie auf.
Die Wörter können von links nach rechts oder von oben nach unten stehen.

Lametta Weihnachten Krippe Kerze Engel

Nuss

Tanne

Kugel

A	V	W	E	I	H	N	A	C	H	T	E	N	T
T	N	E	N	X	K	L	K	J	F	B	N	M	A
L	U	N	G	D	U	V	K	R	I	P	P	E	N
Ö	S	G	E	H	G	K	E	R	Z	E	K	B	N
O	S	U	L	N	E	Z	P	Ü	T	R	N	S	E
M	W	I	P	B	L	A	M	E	T	T	A	L	T

Lösung

Lametta Weihnachten Krippe Kerze Engel

Nuss

Tanne

Kugel

A	V	W	E	I	H	N	A	C	H	T	E	N	T
T	N	E	N	X	K	L	K	J	F	B	N	M	A
L	U	N	G	D	U	V	K	R	I	P	P	E	N
Ö	S	G	E	H	G	K	E	R	Z	E	K	B	N
O	S	U	L	N	E	Z	P	Ü	T	R	N	S	E
M	W	I	P	B	L	A	M	E	T	T	A	L	T

Suchrätsel 2

Finde 10 Wörter, die etwas mit der Weihnachtskrippe zu tun haben.
Kreise sie ein und schreibe sie auf.
Die Wörter können von links nach rechts oder von oben nach unten stehen.

E	K	S	c	h	a	f	b	n	o	p	O	M	e
s	ö	J	t	u	H	i	r	t	e	s	c	a	r
e	n	o	o	S	t	e	r	n	l	d	h	r	u
l	i	s	r	f	S	t	a	l	l	f	s	i	t
w	g	e	e	b	n	m	p	ö	l	h	e	a	z
e	r	f	C	h	r	i	s	t	k	i	n	d	m

Lösung

E	K	S	c	h	a	f	b	n	o	p	O	M	e
s	ö	J	t	u	H	i	r	t	e	s	c	a	r
e	n	o	o	S	t	e	r	n	l	d	h	r	u
l	i	s	r	f	S	t	a	l	l	f	s	i	t
w	g	e	e	b	n	m	p	ö	l	h	e	a	z
e	r	f	C	h	r	i	s	t	k	i	n	d	m

Rätselgitter 1

Bilde aus den Silben Wörter.
Streiche die Silben durch, die du schon verwendet hast.

CHEN – CKE – EN – GEL – GEL – GLO – KU – NE – PLÄTZ – STER

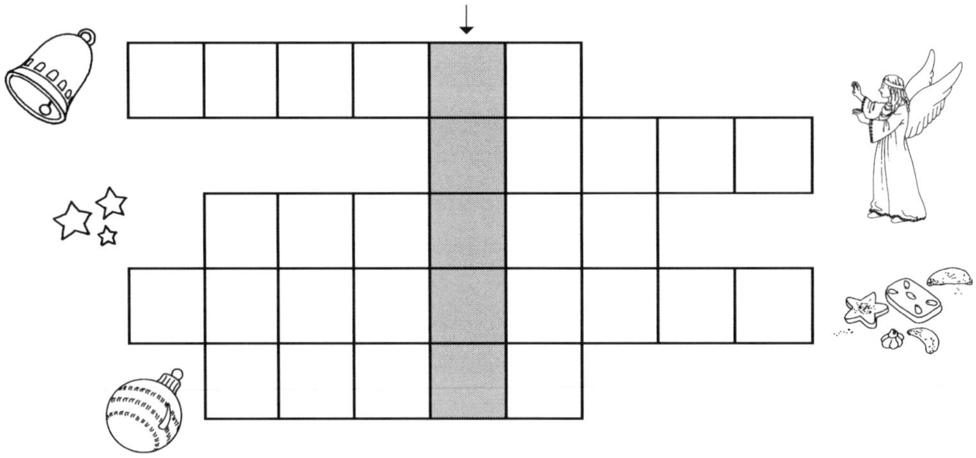

Lösung

CHEN – CKE – EN – GEL – GEL – GLO – KU – NE – PLÄTZ – STER

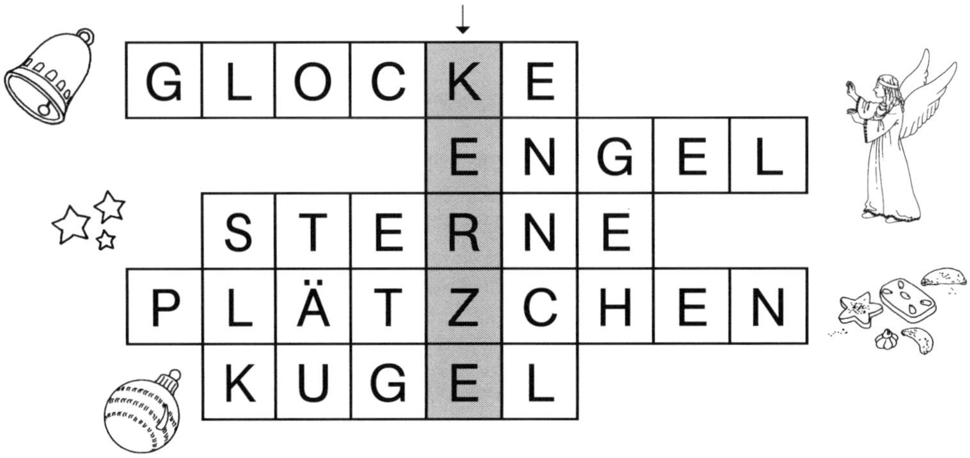

Rätselgitter 2

Bilde aus den Silben Wörter.
Streiche die Silben durch, die du schon verwendet hast.

AD – AD – AP – BA – BAR – BRAT – DER – FEL – GE – KA – KO – KRANZ – LAUS – LEN – NI – RA – STERN – STROH – VENTS – VENTS – ZWEI

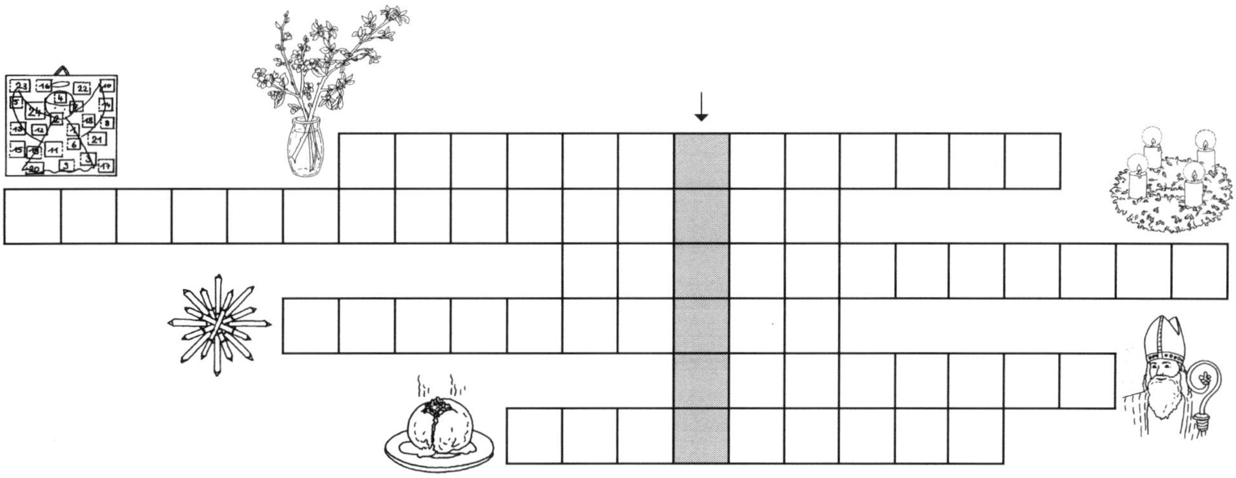

Lösung

AD – AD – AP – BA – BAR – BRAT – DER – FEL – GE – KA – KO – KRANZ – LAUS – LEN – NI – RA – STERN – STROH – VENTS – VENTS – ZWEI

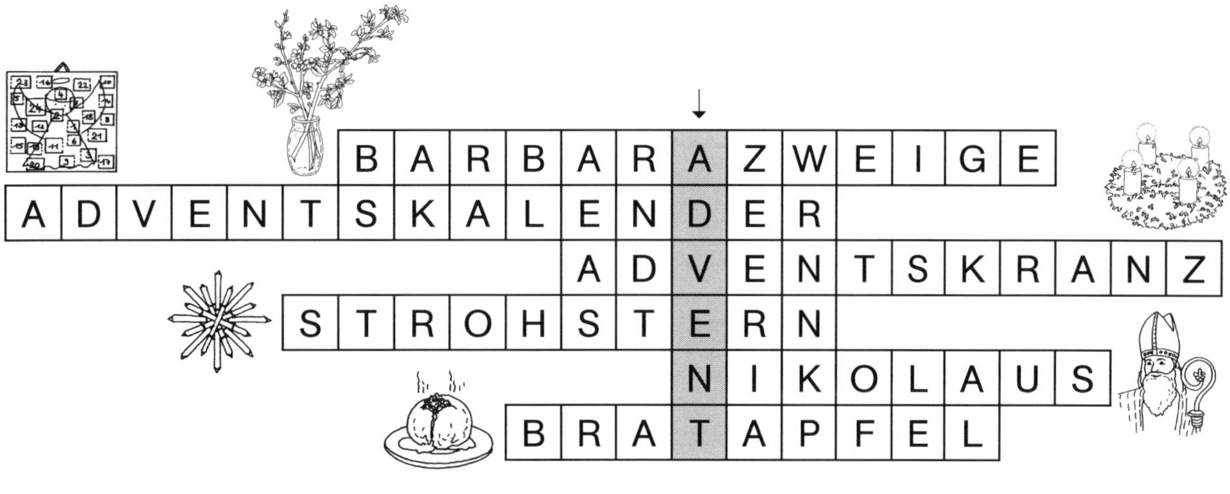

Viele Sterne

Bilde zusammengesetzte Namenwörter.
Achtung: Du musst die Wörter verändern.

Holz
Silber
Papier
Stroh

-STERN-

Glanz
Himmel
Licht

Lösung

Holz
Silber
Papier
Stroh

-STERN-

Glanz
Himmel
Licht

Holzstern, Silberstern, Papierstern, Strohstern
Sternenglanz, Sternenhimmel, Sternenlicht

Tastfiguren

Name:

Verschiedene Geschenke

Du hast Geschenkpapier in den Farben Rot, Gelb und Blau.
Du hast Schleifen in den Farben Rot, Gelb und Blau.

Packe die Geschenke verschieden ein und male sie aus.
Jedes Geschenk soll anders aussehen. Findest du alle Möglichkeiten?

Name:

Tangram „Stern"

Schneide die Teile aus.
Lege aus den Teilen diesen Stern.

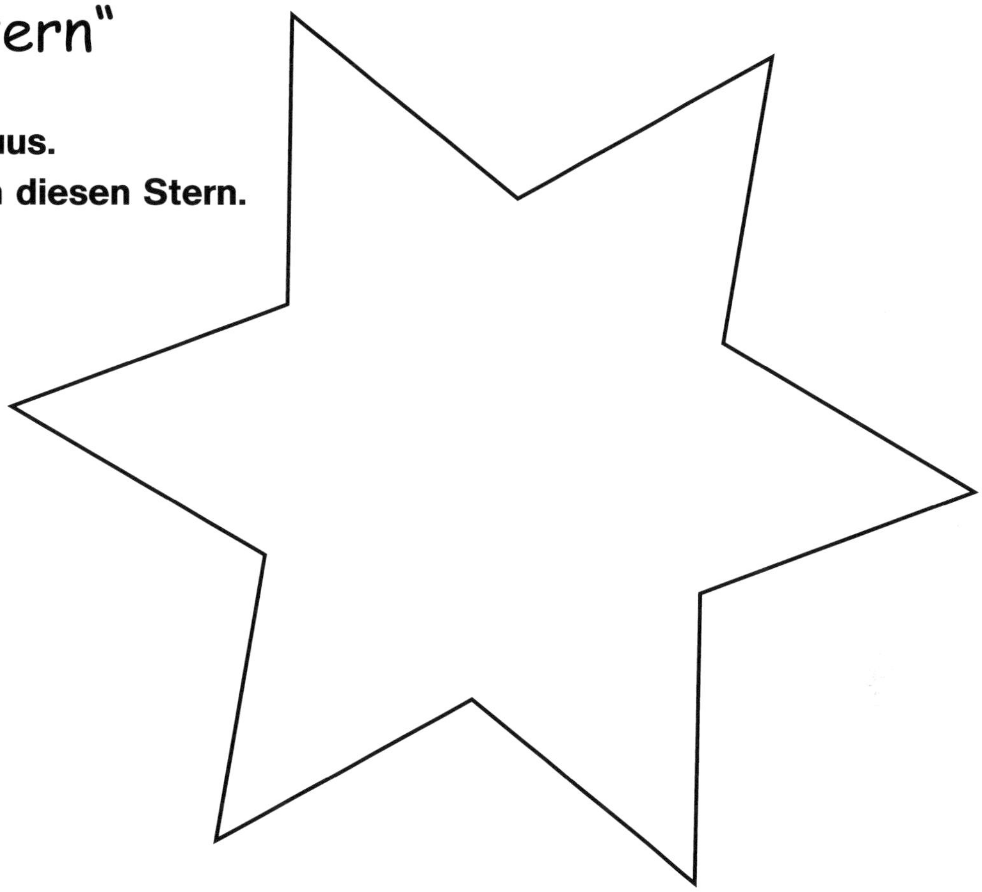

✂

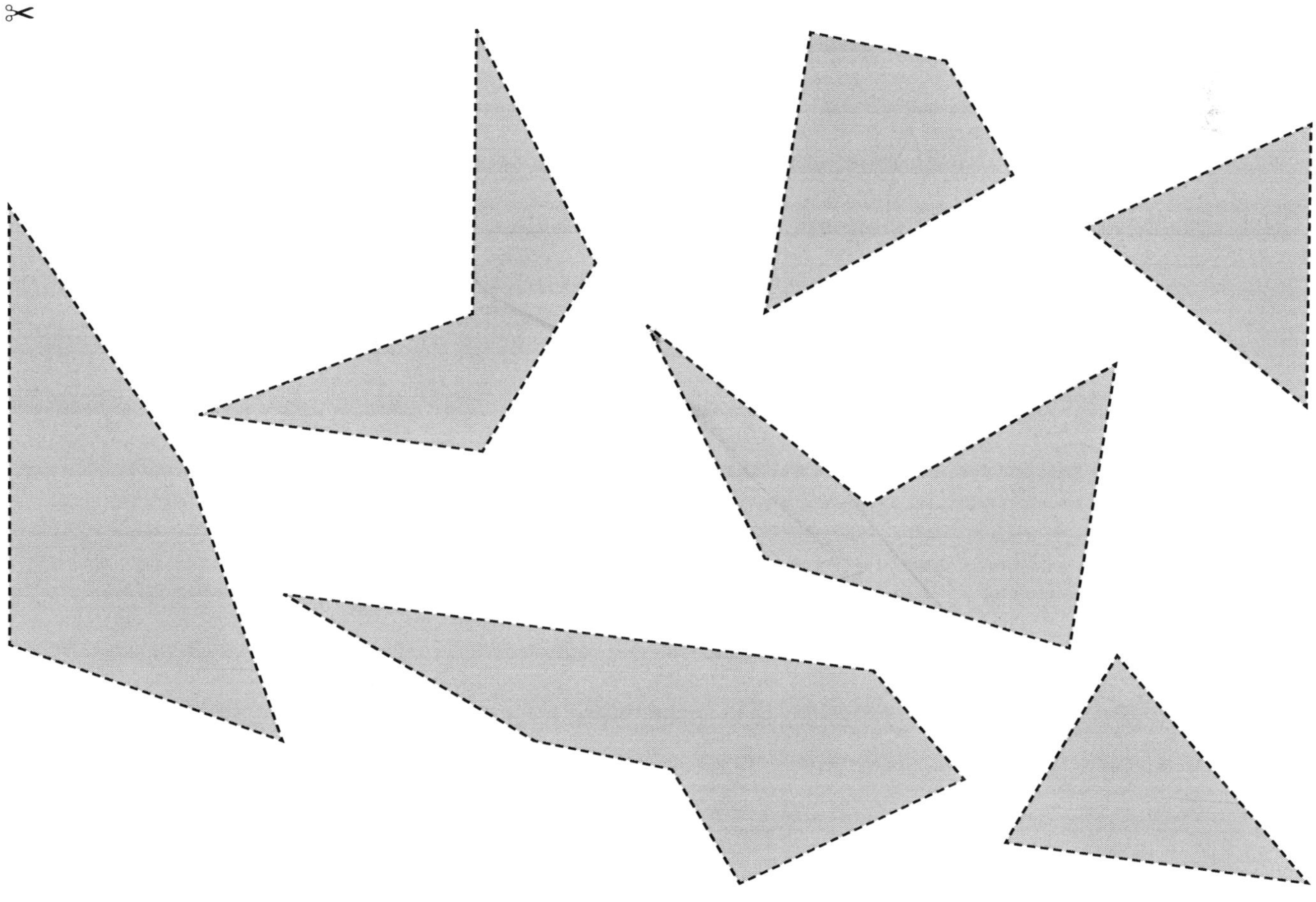

Name:

Tangram „Weihnachtsbaum"

Schneide die Teile aus.
Lege aus den Teilen
diesen Weihnachtsbaum.

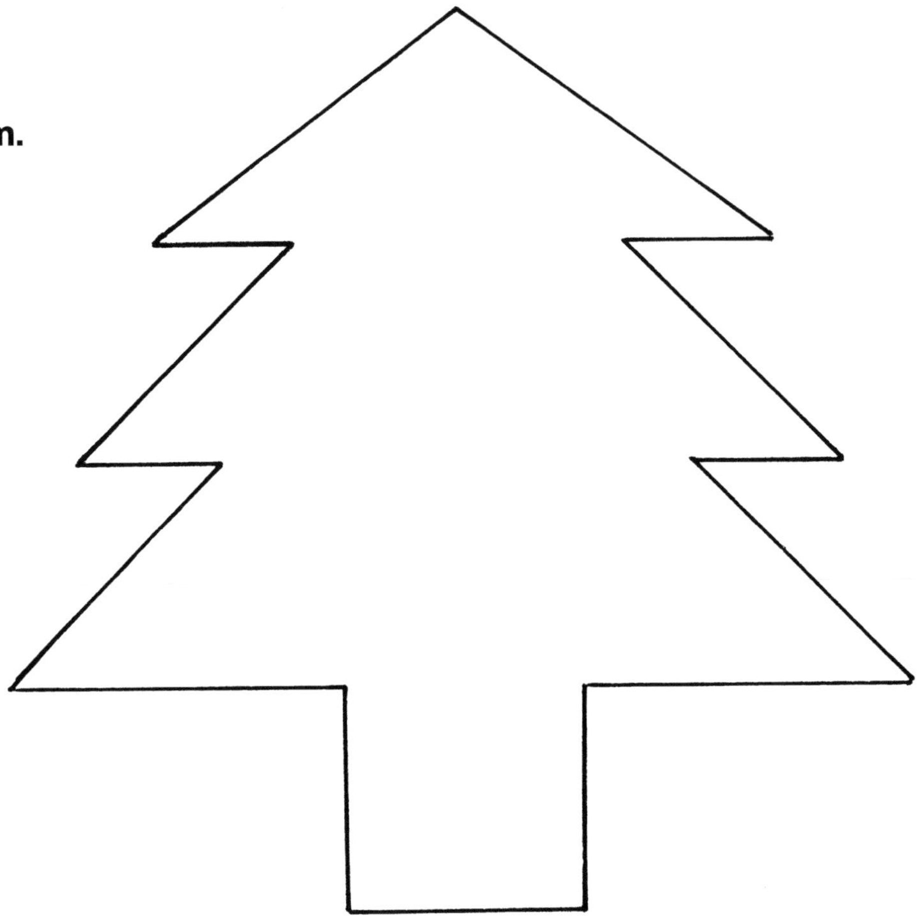

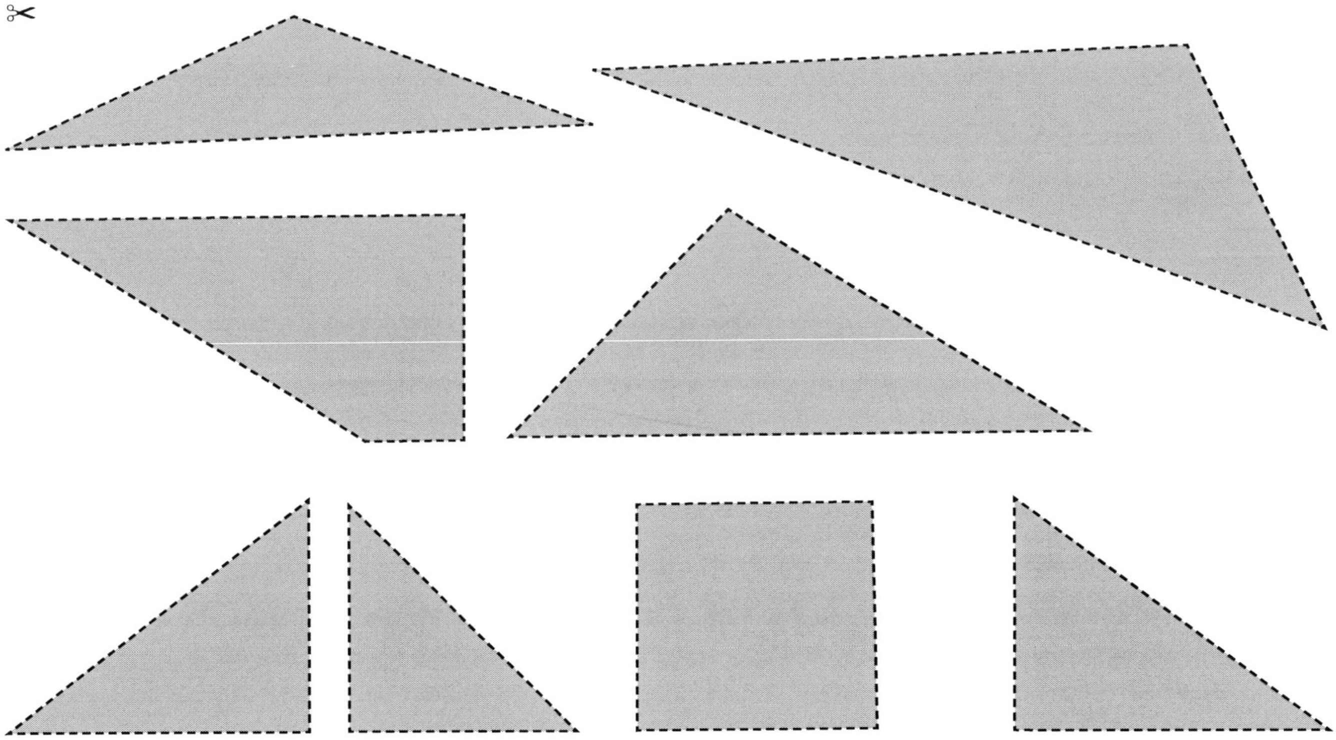

3. Kapitel: Basteln, backen, singen ...

Basteln

Vorbemerkung

Die Adventszeit ist nicht nur ruhig und besinnlich. In dieser Zeit herrscht auch eine eifrige Betriebsamkeit vor: Vielfältige Bastelarbeiten werden erstellt, die als weihnachtliche Dekoration oder als Geschenk verwendet werden.

Die folgenden Bastelarbeiten können bereits Kinder der ersten und zweiten Jahrgangsstufe erstellen, da die Anforderungen an die Feinmotorik den Fähigkeiten der Kinder angepasst wurden.

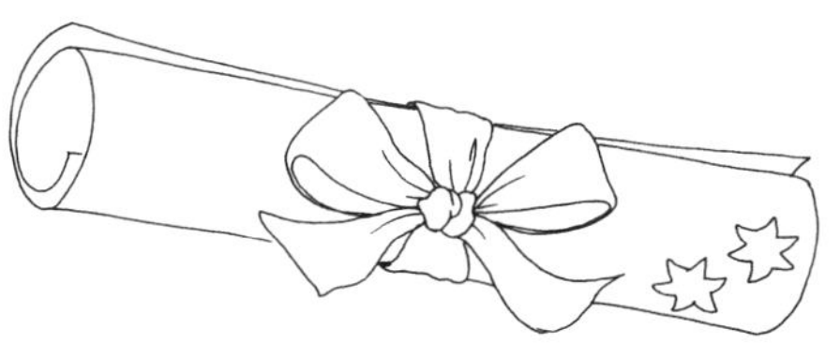

Lehrplanbezug

Sachunterricht

- Feste und Brauchtum im Jahreskreis mitgestalten: Advent und Weihnachten

Kunst/Werken

- Gestalten mit Papier und anderen Materialien
- Räume weihnachtlich schmücken

Zu den Kopiervorlagen

Für die Gestaltung der folgenden Fensterbilder gibt es jeweils zwei unterschiedliche Angebote, die den Fähigkeiten der Schüler entsprechend differenzierend eingesetzt werden können. Während die Kinder der ersten Jahrgangsstufe noch mit dem stabileren Ton- und Glanzpapier arbeiten, kann ab der zweiten Jahrgangsstufe bereits Transparentpapier zum Einsatz kommen.

Die Bilder werden als Zimmerschmuck am Fenster mit Klebestreifen befestigt.

KV Seite 81–83

Fensterbild „Weihnachtsbaum"

Zum Basteln benötigt jedes Kind Bleistift, Schere und Klebstoff. In der ersten Jahrgangsstufe kopieren Sie für jeden Schüler den Rahmen (Seite 82) auf beliebig farbiges Tonpapier. Die Kinder schneiden die graue Fläche aus, sodass der Rahmen übrig bleibt. Außerdem werden die Weihnachtsbaum-Schablonen (Seite 81) mehrmals auf Karton kopiert und ausgeschnitten. So kann jeweils eine Gruppe von 3 bis 5 Schülern mit den Schablonen arbeiten. Die Kinder legen die Schablonen auf entsprechend farbiges Tonpapier (Baum: grün, Stamm: braun), fahren sie mit Bleistift nach und schneiden sie aus. Die beiden Teile (Baum und Stamm) werden nun auf den Rahmen geklebt. Anschließend schmücken die Kinder den Weihnachtsbaum, indem sie mithilfe der Schablonen aus Glanzpapier Kugeln, Kerzen, Sterne und Herzen schneiden und sie auf den Baum aufkleben.

Für Kinder mit ausgepägteren motorischen Fähigkeiten kopieren Sie den Rahmen auf Seite 83 auf farbiges Tonpapier. Die Schüler schneiden die grau unterlegten Felder aus und bekleben die Öffnungen von der Rückseite mit Transparentpapier in verschiedenen Farben.

KV Seite 84–86

Fensterbild „Kerze"

Analog zum Weihnachtsbild „Weihnachtsbaum" ist das Basteln des Fensterbilds „Kerze" möglich. Jedes Kind benötigt Bleistift, Schere und Klebstoff. Kopieren Sie für jeden Schüler den Rahmen (Seite 85) auf Tonpapier. Die Kinder schneiden die grauen Flächen aus, sodass der Rahmen übrig bleibt. Die Schablonen für die Kerze (Seite 84) werden mehrmals auf Karton kopiert und ausgeschnitten. Die Kinder legen die Schablonen auf entsprechend farbiges Tonpapier (Kerze: rot, Flamme: gelb, Kerzenständer: beliebig), fahren sie mit Bleistift nach und schneiden sie aus. Die drei Teile werden nun auf den Rahmen geklebt.

In der zweiten Jahrgangsstufe ist der Rahmen auf Seite 86 einsetzbar. Kopieren Sie die Vorlage auf farbiges Tonpapier. Die Schüler schneiden die grau unterlegten Felder aus und bekleben die Öffnungen von der Rückseite mit Transparentpapier in verschiedenen Farben.

KV Seite 87/88

Weihnachtsbaum aus Pappkantendruck

Für jedes Kind wird die Weihnachtsbaumvorlage (Seite 88) auf helles Tonpapier (DIN A4) kopiert. Der Anleitung auf der Kopiervorlage (Seite 87) folgend, bedrucken die Kinder die Vorlage. Das getrocknete Bild wird anschließend verziert. Mit einem Rahmen versehen eignet es sich als Wandschmuck oder als Weihnachtsgeschenk.

KV Seite 89

Weihnachtskarten mit Stroh

Als Vorbereitung werden die Strohhalme etwa eine Stunde in lauwarmem Wasser eingeweicht, herausgenommen und mit der Schere in der Mitte in zwei etwa gleich große Hälften geteilt. Dann legt man die Strohhalme zwischen zwei Bögen Zeitungspapier und bügelt sie mit dem heißen Bügeleisen glatt. Mithilfe der Sternvorlage (Seite 136) werden einige Sternschablonen angefertigt.

Nun können die Kinder die Karten nach der Anleitung auf der Kopiervorlage anfertigen. Wenn die aufgeklebten Strohhalme getrocknet sind, werden die Karten auf der Innenseite beschriftet.

Anstatt des Sterns können selbstverständlich auch andere Motive (z. B. Weihnachtsbaum, Glocke) mit den Strohhalmen beklebt werden. Auch das Arbeiten mit verschiedenfarbigen Strohhalmen ist möglich. Aus Tonkarton können auch selbst Doppelkarten erstellt werden.

Zur Geschichte und Symbolik der Weihnachtskarte

Die erste Weihnachtskarte soll ein schottischer Buchhändler 1841 in sein Fenster gestellt haben. Zwei Jahre später ließ der Engländer Sir Henry Cole von dem Maler John Calcott Horsley eine Weihnachtskarte entwerfen, in einer Auflage von 1000 Stück drucken und verschickte sie. Ab 1895 setzte sich die Weihnachtskarte auch in Deutschland durch. Noch heute ist es in Großbritannien und den USA Brauch, die erhaltenen Weihnachtskarten über dem Kamin an einer Leine aufzuhängen.

Durch das Verschicken der Karten kommt die Verbundenheit der Menschen auf der ganzen Welt durch das Weihnachtsfest zum Ausdruck.

KV Seiten 90–93

Krippe im Schuhkarton

Jedes Kind benötigt Kopien der drei Kopiervorlagen mit Krippenfiguren (Seite 91–93). Mithilfe der Anleitung (Seite 90) können die Kinder ihre individuelle Krippe gestalten und ausschmücken.

Zur Geschichte und Symbolik der Krippendarstellung

Obwohl die Krippe nur im Lukasevangelium (2, 7) kurz erwähnt wird, war sie – vor dem Siegeszug des Weihnachtsbaums in neuerer Zeit – das wichtigste Weihnachtssymbol. Als „Erfinder“ gilt Franz von Assisi, der 1223 bei seiner Krippenfeier im Wald bei Greccio auch schon Ochse und Esel in seine Darstellung einband. Von Italien aus verbreiteten sich Krippendarstellungen bald bis nach Spanien und in den deutschsprachigen Alpenraum. Einen Höhepunkt erlebten aufwändige Krippendarstellungen im Barock des 18. Jahrhunderts.

Im Mittelpunkt der Krippe steht das Kind, von dem das Licht ausgeht. Eine Krippe in der eigenen Wohnung aufzustellen bedeutet, sich mit dem Geschehen in der Heiligen Nacht zu identifizieren.

Das Lukasevangelium berichtet, dass die Krippe von Hirten besucht wird. Damit kommt zum Ausdruck, dass vor allem die einfachen Leute in der Weihnachtsnacht Jesu nahe sind. Im Matthäusevangelium ist darüber hinaus von Sterndeutern aus dem Osten die Rede, die zur Krippe kommen. Die Tradition machte die Sterndeuter zu Königen und aufgrund der drei Gaben, die im Evangelium genannt werden, wurde ihre Zahl auf drei festgelegt. Damit soll ausgedrückt werden, dass sich Herrscher aus der ganzen Welt auf den Weg zu Gott machen und dem neugeborenen Messias Gold als Zeichen seiner königlichen Würde, Weihrauch als Zeichen seiner göttlichen Herkunft und Myrrhe als Zeichen seiner menschlichen Vergänglichkeit bringen. Die drei Könige repräsentieren auch die drei Lebensalter: Jugend, mittleres Alter und Greis.

Fensterbild „Weihnachtsbaum“ (1)

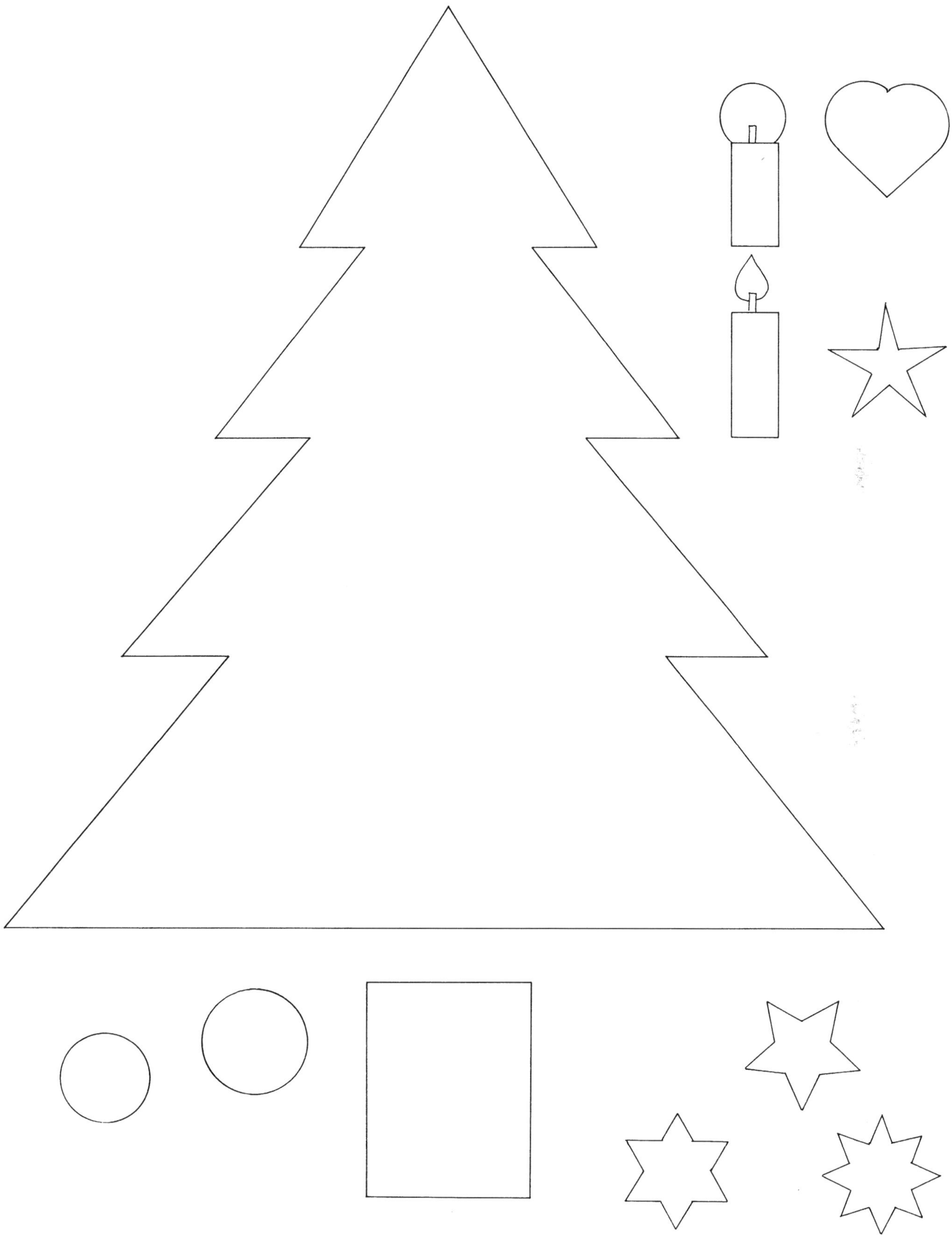

Fensterbild „Weihnachtsbaum“ (2)

Fensterbild „Weihnachtsbaum" (3)

Fensterbild „Kerze" (1)

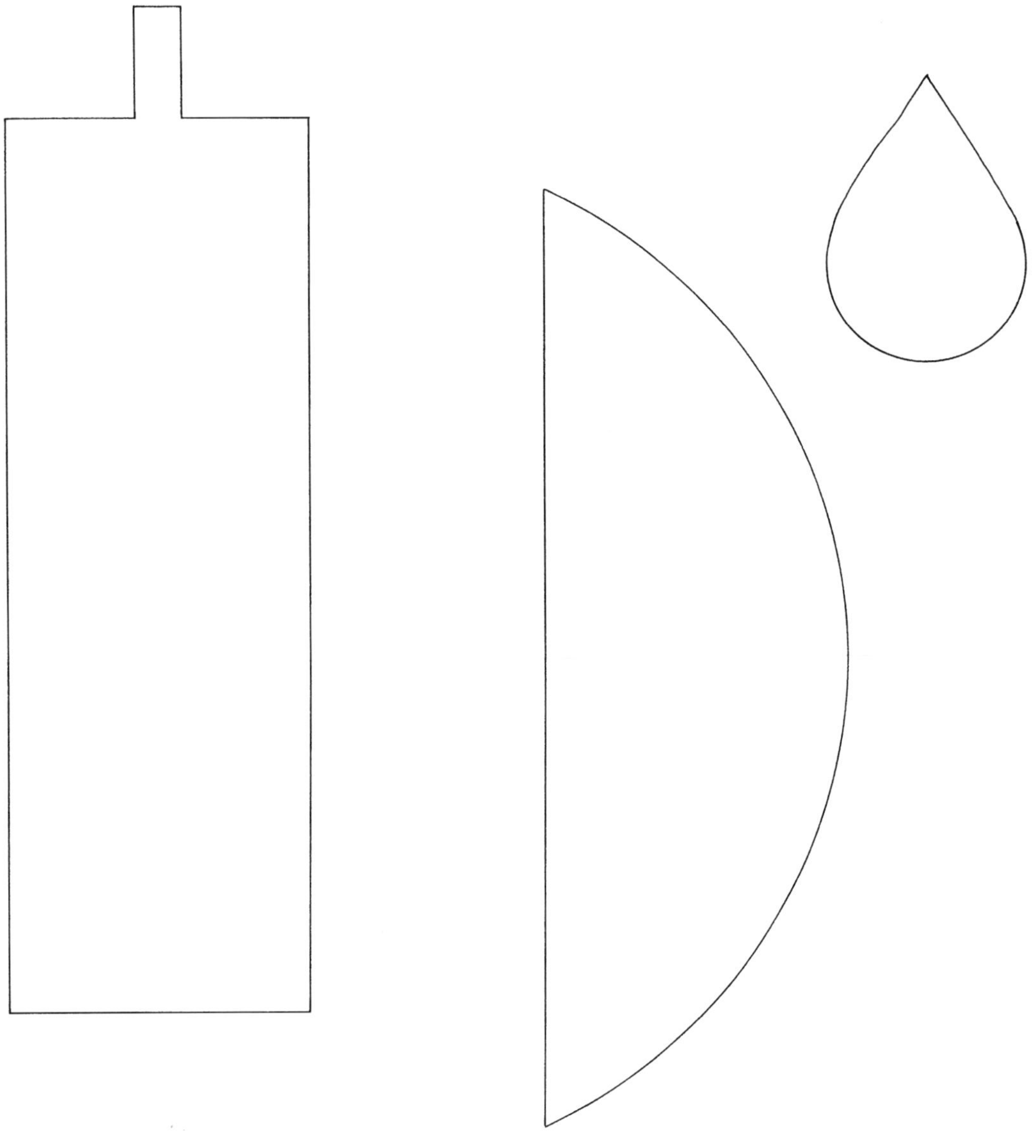

Fensterbild „Kerze" (2)

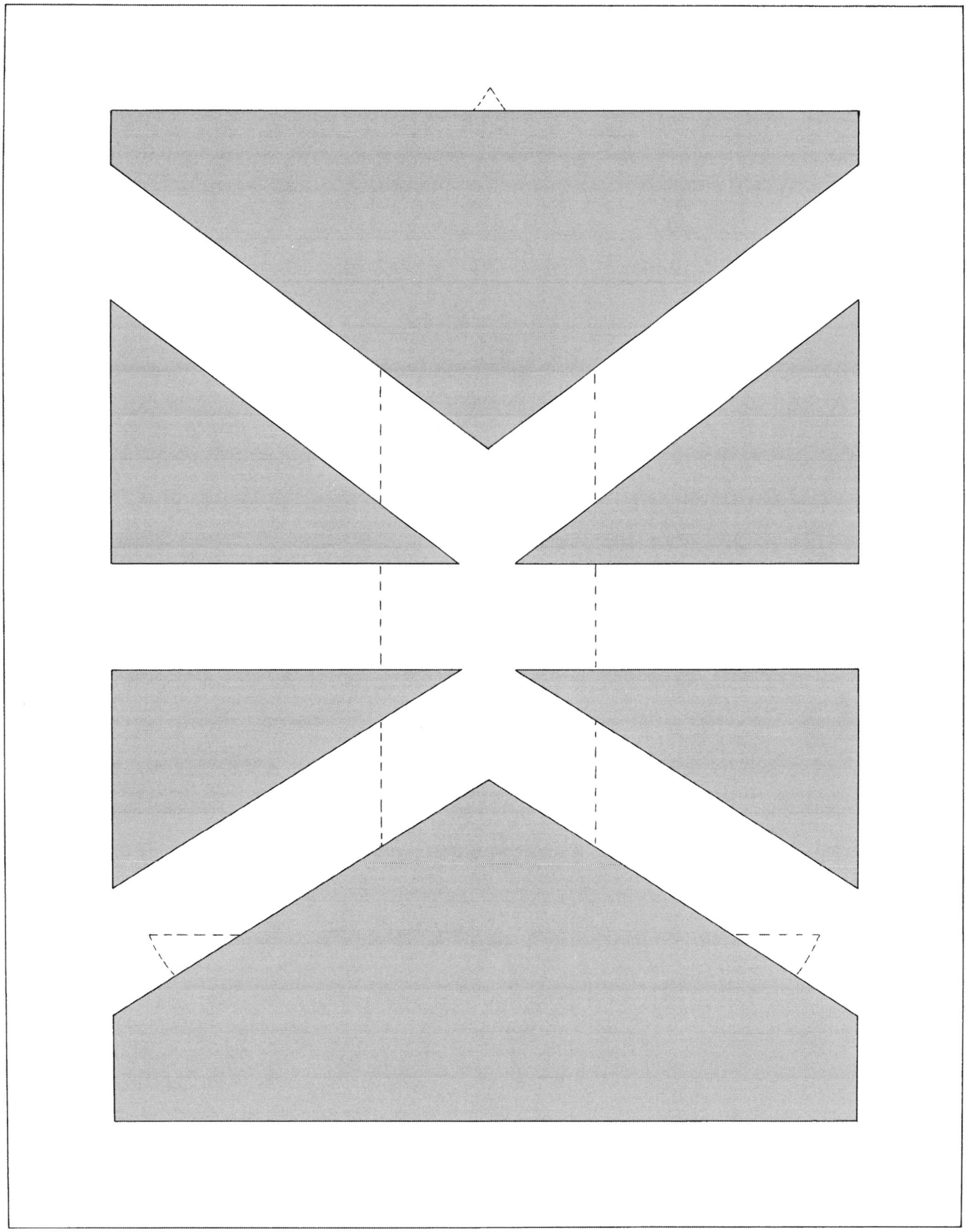

Fensterbild „Kerze" (3)

Weihnachtsbaum aus Pappkantendruck

Du brauchst:

- Verpackungskarton mit Wellen (aus dem Supermarkt)

- weißes oder helles Tonpapier mit der Weihnachtsbaumvorlage
- grüne und braune Dispersionsfarbe
- Schere
- Glanzpapier
- Klebstoff

So wird's gemacht:

1. Schneide aus dem Verpackungskarton zwei „Stempel" (ca. 3 x 5 cm) zu. Du sollst sie gut in der Hand halten können.

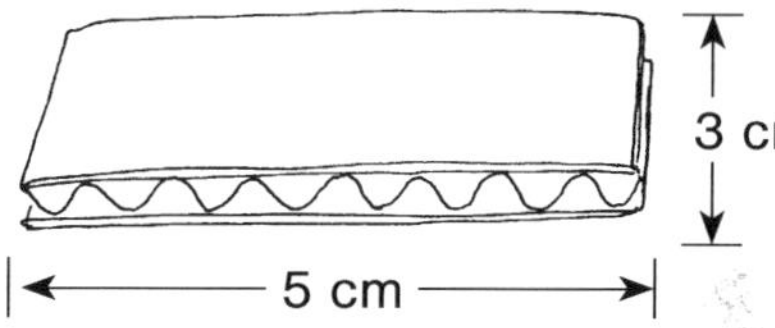

2. Tauche die gewellte Seite des Stempels in eine Schale mit brauner Farbe. Drücke den Stempel mehrmals auf den Stamm des Weihnachtsbaums, bis er farbig gefüllt ist.

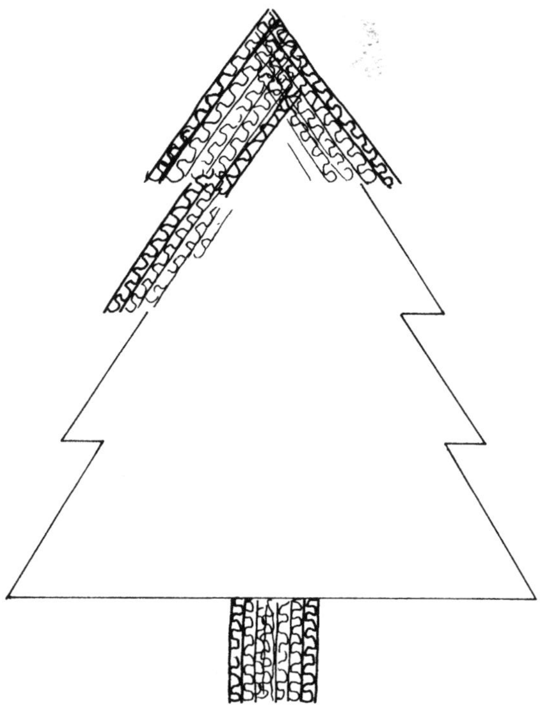

3. Nimm den zweiten Stempel und tauche ihn in grüne Farbe. Bedrucke nun mit der gewellten Seite den ganzen Weihnachtsbaum.

4. Lass die Farbe gut trocknen.

5. Schneide aus farbigem Glanzpapier Kugeln, Kerzen und Sterne aus und klebe sie als Schmuck auf den Baum.

Weihnachtsbaum aus Pappkantendruck – Vorlage

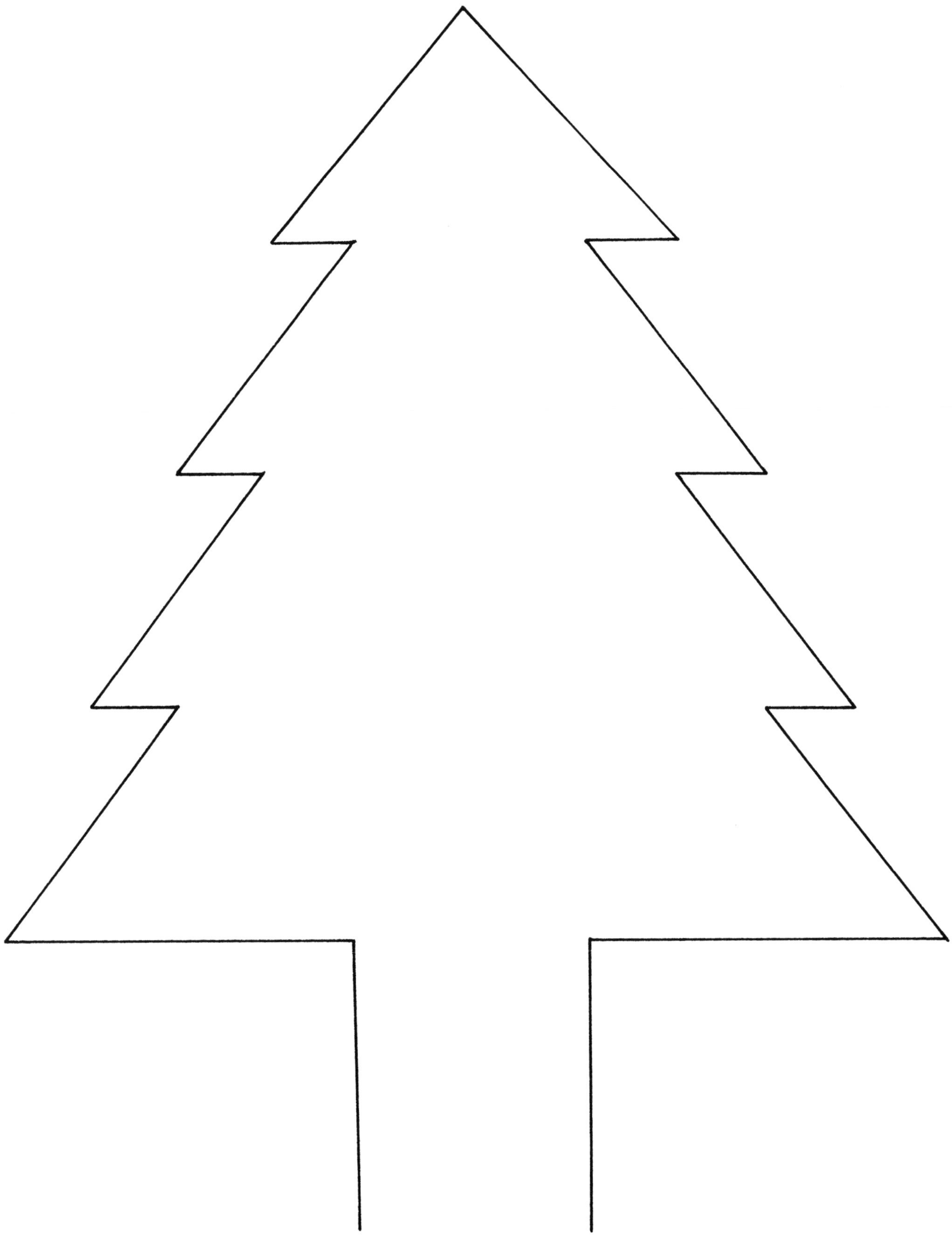

Weihnachtskarten mit Stroh

Du brauchst:

- glatt gebügelte Strohhalme in verschiedenen Farben
- Sternschablone
- Bleistift
- Schere
- Klebstoff
- Klappkarten im Format DIN A6 in verschiedenen Farben

So wird's gemacht:

1. Lege die Sternschablone auf die Vorderseite der Karte und fahre den Umriss mit Bleistift nach.
2. Lege einen Strohhalm auf die Sternform, markiere auf dem Halm mit Bleistift die Linie, an der du den Halm zuschneiden musst. Beginne dabei am besten in der Mitte.
3. Schneide den Strohhalm mit der Schere zu.
4. Klebe den Strohhalm auf.
5. Klebe nun einen Strohhalm neben den anderen, bis die Sternform gefüllt ist.
6. Lass die aufgeklebten Strohhalme gut trocknen.
7. Jetzt kannst du in die Karte deine Weihnachtsglückwünsche schreiben.

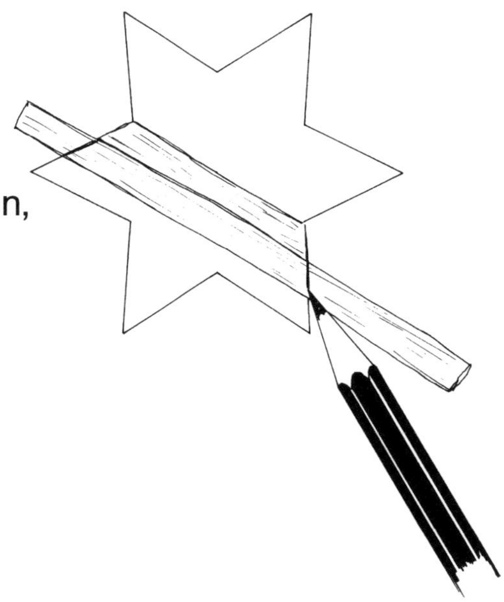

Frohe Weihnachten!

Fröhliche Weihnachten!

Frohes Fest!

Krippe im Schuhkarton

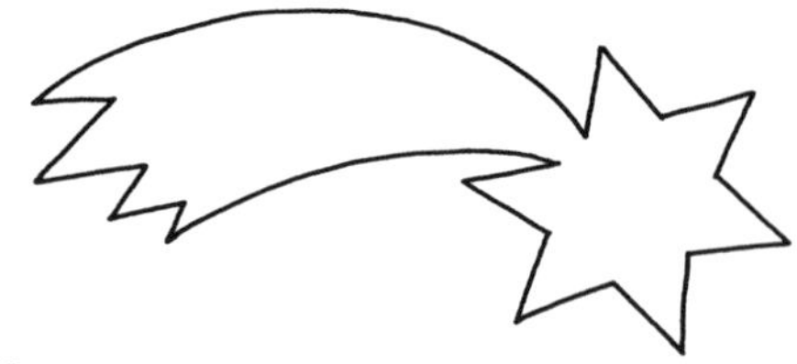

Du brauchst:

- Schuhkarton mit Deckel
- Tonpapier oder Plakafarben in Grün und Braun
- Vorlagen der Krippenfiguren auf weißes Papier kopiert
- Farbstifte
- Schere
- Klebstoff
- Schafwolle
- gefärbte Watte
- evtl. kleine Holzstückchen und rotes Transparentpapier

So wird's gemacht:

1. Beklebe die Außenseiten des Schuhkartons mit braunem Tonpapier oder bemale ihn mit brauner Farbe.
2. Schneide auf beiden Seiten der langen Seite des Deckels die Ecken ein und klappe den Rand nach außen.
3. Lege den Schuhkarton so, dass die Öffnung zur Seite sieht. Klebe den langen Rand des Deckels unter den Rand des Kartons.

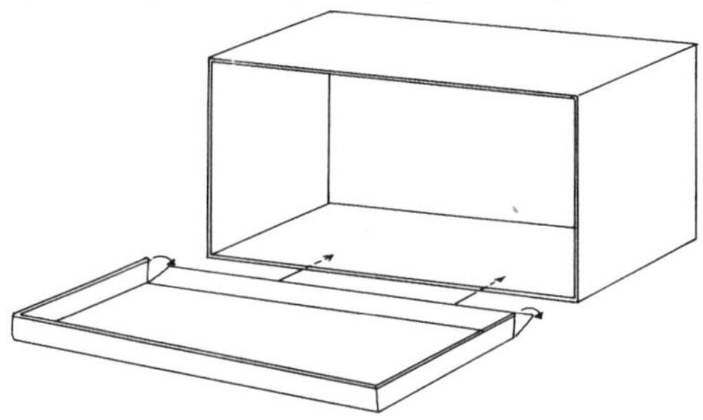

4. Beklebe die Innenseite des Deckels mit grünem Tonpapier oder bemale sie mit grüner Farbe. Jetzt ist die Krippe fertig.
5. Bemale den Stern und die Krippenfiguren mit Farbstiften und schneide sie der Linie entlang aus. Schneide die Klebelaschen an den Linien ein.
6. Beklebe die Schafe mit etwas Schafwolle.

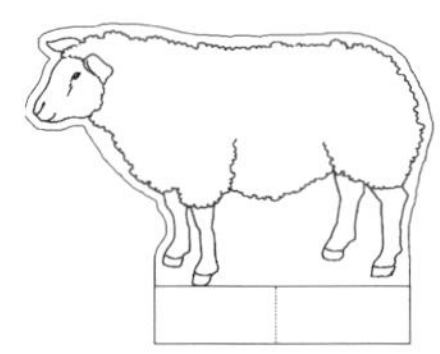

7. Klappe die Klebelaschen der Figuren gegengleich um und klebe sie in die Schachtel und auf den Deckel.

8. Gestalte mit gefärbter Watte eine Landschaft mit Sträuchern.
9. Bastle aus den Holzstückchen und dem roten Transparentpapier ein Lagerfeuer.

Krippe im Schuhkarton – Figuren (1)

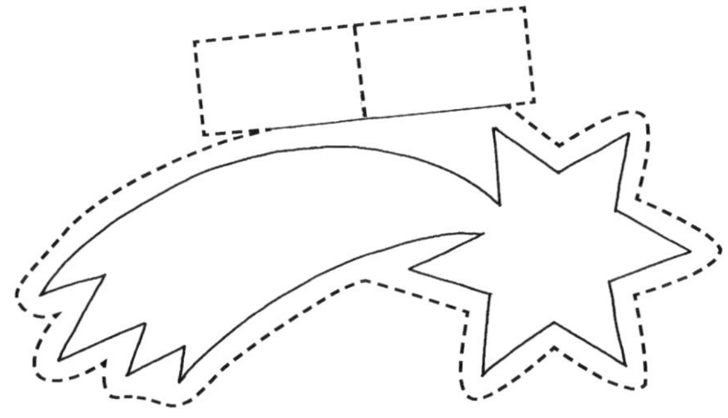

Krippe im Schuhkarton – Figuren (2)

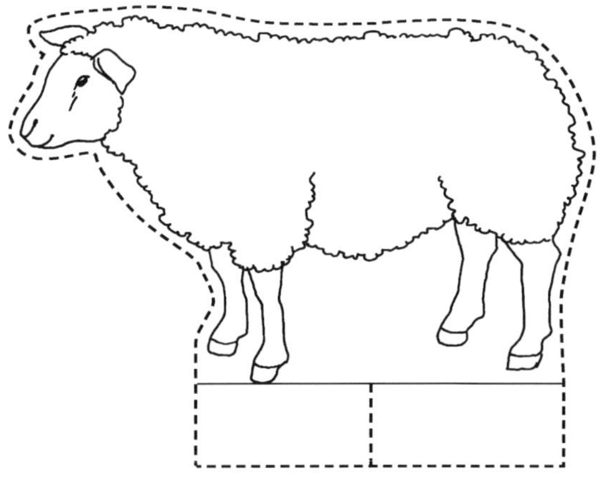

Krippe im Schuhkarton – Figuren (3)

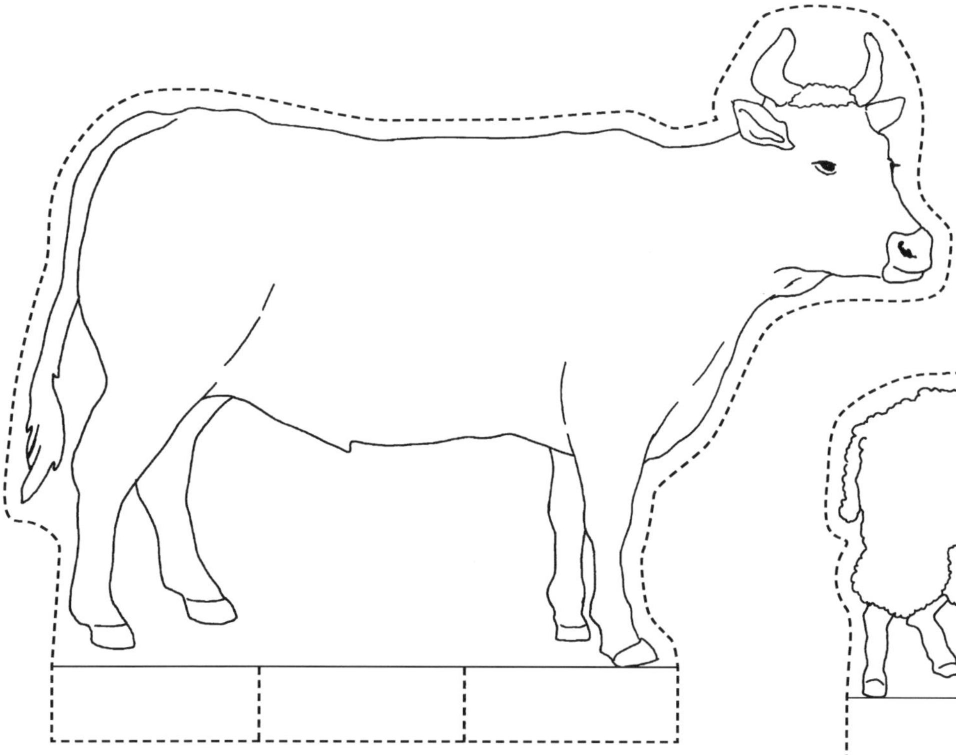

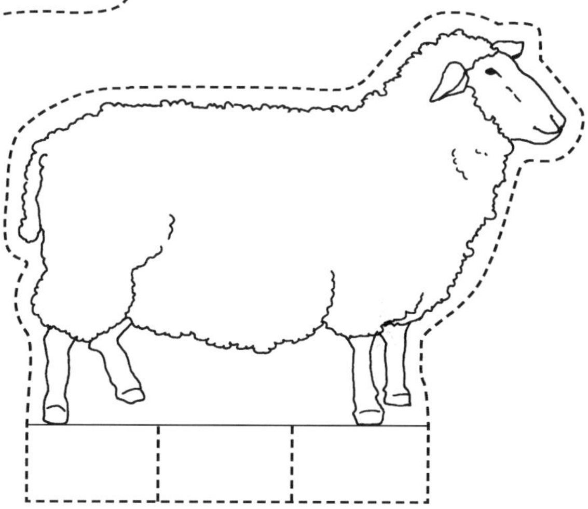

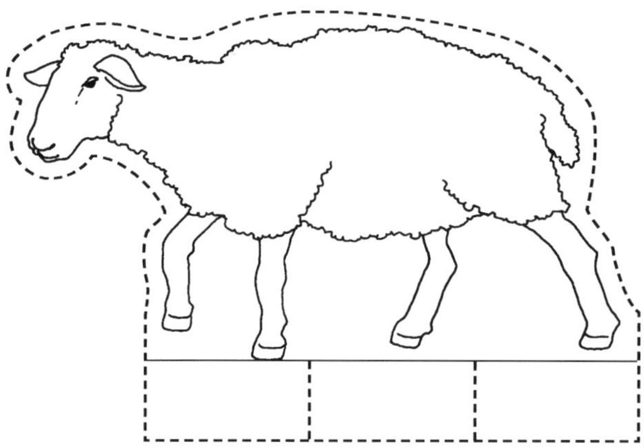

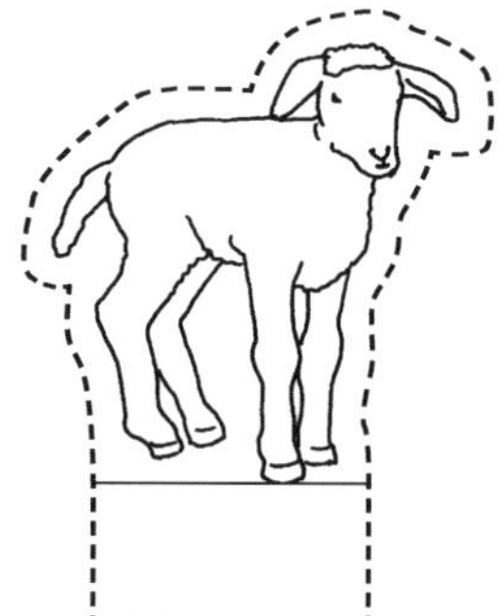

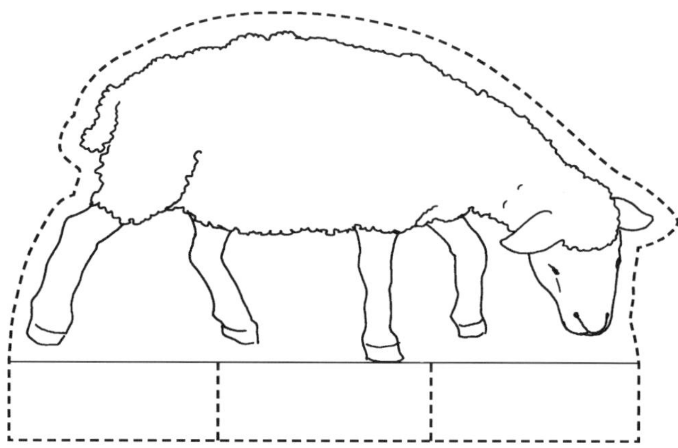

Singen, tanzen und musizieren

Vorbemerkung

Viele bekannte und traditionelle Weihnachtslieder sind aufgrund ihres großen Tonumfangs und der Textmenge für Kinder der ersten und zweiten Jahrgangsstufe nur bedingt geeignet. Aus diesem Grund werden hier Lieder vorgestellt, die mit ihrer einfachen Melodie und vielen Textwiederholungen bereits von jungen Sängern ansprechend gestaltet werden können.

Lehrplanbezug

Sachunterricht

- Feste und Brauchtum im Jahreskreis mitgestalten: Advent und Weihnachten

Musik

- Altersgemäße Lieder singen
- Lieder mit einfachen Instrumenten begleiten
- Tanzen zu Liedern

Zur Symbolik der Weihnachtslieder
Weihnachtslieder sind Ausdruck der Freude über die Botschaft des Weihnachtsfestes. Dabei ist es wichtig, dass Lieder nicht nur „konsumiert", sondern selbst künstlerisch gestaltet werden.

Zu den Kopiervorlagen

KV Seite 96

Lasst uns froh und munter sein
Dieses bekannte Nikolauslied eignet sich für eine szenische Gestaltung: Jeweils die ersten beiden Zeilen jeder Strophe werden von einzelnen Kindern pantomimisch dargestellt, während eine Gruppe Kinder dazu singt. Beim Refrain, den alle gemeinsam singen, fassen sich jeweils zwei Schüler an beiden Händen und hüpfen freudig im Kreis.

Falls der Nikolaus die Kinder in der Klasse oder an der Schule besucht, freut er sich sicher über den Liedvortrag.

KV Seite 97

Im Advent
Dieses Lied hat keinen Takt und kann von den Kindern frei gestaltet werden. Die Textteile, die in jeder Strophe gleich sind, werden von allen Kindern gemeinsam gesungen. Den sich ändernden Strophentext singen entweder Sie oder abwechselnd eine kleine Gruppe Kinder. Währenddessen begleiten alle anderen Kinder den Text mit passenden Bewegungen, z. B.:

1. Strophe: Umriss einer Kerzenflamme mit den Händen nachfahren
2. Strophe: Teig mit Nudelholz pantomimisch ausrollen
3. Strophe: Umriss eines Hauses mit den Händen nachfahren
4. Strophe: Umriss eines Sterns mit den Händen nachfahren
5. Strophe: Mit der Nase schnuppern

Für dieses Lied können die Kinder auch weitere Strophen erfinden, sie aufschreiben und sich passende Bewegungen dazu überlegen.

KV Seite 98/99

Jesus ist geboren
In diesem Lied kommt die Freude der Menschen über Jesu Geburt zum Ausdruck. Zugleich wird die Anbetung der Hirten und die Huldigung der Könige im Lied angesprochen. Den sich wiederholenden Textteil „Jesus ist geboren" singen jeweils alle Kinder als Antwort

auf die vorangehende Ankündigung, die Strophentexte werden von Ihnen oder von einzelnen Kindern gesungen.

Das Lied kann beim „Musikalischen Schattenspiel" (Seite 23, 37–40) zum Einsatz kommen.

Begleitung mit Orff-Instrumenten
Die Begleitung des Liedes mit Orff-Instrumenten hängt vom an der Schule vorhandenen Orff-Instrumentarium und vom Können der Kinder ab. Bei der vorgestellten Begleitung handelt es sich um einen Vorschlag für die Verteilung. Es müssen nicht immer alle Instrumente zum Einsatz kommen. Es empfiehlt sich aber, Instrumente aus verschiedenen Stimmlagen (Sopran, Alt und Bass) einzusetzen. Natürlich können die Instrumente auch mehrfach verteilt werden.

Bei den Rhythmusinstrumenten ist darauf zu achten, dass sie die Melodie nicht überlagern. Die Trommel spielt immer halbe Schläge, während die Klangstäbe Viertelschläge spielen. Die Triangel setzt nur einzelne Akzente.

KV Seite 100/101

Ein Stern erleuchtet die Nacht

Dieses einfache und kurze Lied kann mit Melodie- und Orff-Instrumenten sowie einem Tanz vielfältig gestaltet werden. Anstatt den Text immer zu singen, kann die Melodie mit Flöten oder auf einem Keyboard gespielt werden. So wechseln sich eine gesungene Strophe mit einer auf Instrumenten gespielten Strophe ab. Zwischen die einzelnen Strophen des Sternentanzes kann eine Instrumentalstrophe eingeschoben werden usw.

Da das Lied mit einem Auftakt beginnt, setzt die Begleitung erst auf dem ersten Schlag des ersten Taktes ein.

Das Lied kann beim „Musikalischen Schattenspiel" (Seite 23, 37–40) zum Einsatz kommen.

Zum Lied kann der folgende „Sternentanz" aufgeführt werden.

Herstellung der Requisiten
Folgendes Material wird benötigt:

- weißer Fotokarton
- schwarzer Fotokarton (50 x 70 cm)
- Sternschablonen (siehe Seite 136)
- Schere
- Klammerhefter
- Hosengummiband

So wird's gemacht:

1. Aus schwarzem Fotokarton werden Papierstreifen von 60–70 cm Länge und 4 cm Breite abgeschnitten. Jedes Kind erhält ein Stirnband, indem man den Papierstreifen dem Kopfumfang anpasst und in der passenden Größe mit dem Klammerhefter zusammenheftet.
2. Jedes Kind fertigt mithilfe der Sternschablonen drei Sterne aus weißem Fotokarton an: einen größeren für das Stirnband und zwei kleinere für die Hände.
3. Der größere Stern wird an zwei Spitzen mit dem Klammerhefter am Stirnband befestigt.
4. In die beiden kleineren Sterne wird in je zwei gegenüberliegende Sternspitzen ein kleines Loch gestochen. Durch die Löcher wird von hinten jeweils ein Ende eines Stücks Hosengummiband gezogen und auf der Vorderseite verknotet.

Vorbereitung für die Aufführung
Für den Tanz tragen die Kinder möglichst dunkle Kleidung (z. B. schwarze Strumpfhosen, langärmlige T-Shirts) und das Stirnband. In den Händen halten sie die Sterne.

Der Raum, in dem der Sternentanz aufgeführt wird, wird mit lichtdichten Jalousien oder Vorhängen vollständig verdunkelt. Bei UV-Licht, dem sogenannten Schwarzlicht, sind nun nur die Sterne sehen, die sich so scheinbar selbstständig im Raum bewegen.

Der Sternentanz
Die Kinder setzen das Stirnband so auf den Kopf auf, dass sich der Stern über der Stirn befindet. Die beiden kleineren Sterne werden in die Handflächen gelegt und das Gummiband wird über den Handrücken gezogen, damit die Sterne halten.

Die Kinder stehen im Kreis. Die Arme sind gesenkt, wobei die Handflächen nach innen zeigen, sodass die Sterne für die gegenüberstehenden Kinder sichtbar sind. Passend zum Text werden folgende Bewegungen ausgeführt:

„Ein Stern erleuchtet die Nacht."
Die Kinder heben langsam die Arme nach oben.

„Er hat Licht in unsre Welt ..."
Die Kinder gehen mit erhobenen Händen seitlich im Uhrzeigersinn im Kreis.

„... gebracht."
Die Kinder bleiben stehen und senken langsam die Arme.

Achten Sie darauf, dass sich die Kinder möglichst langsam und gleichmäßig bewegen. Bei der zweiten und dritten Strophe wird der Tanz in gleicher Weise wiederholt.

Der Sternentanz kann im Zusammenhang mit dem Unterrichtsprojekt „Wie der Stern auf den Christbaum kam" (ab Seite 122) zum Einsatz kommen.

Lasst uns froh und munter sein

Text und Melodie: aus dem Hunsrück

2. Dann stell ich den Teller auf,
Niklaus legt gewiss was drauf.
Lustig, lustig, traleralera!
Bald ist Niklausabend da,
bald ist Niklausabend da.

3. Wenn ich schlaf, dann träume ich:
Jetzt bringt Niklaus was für mich.
Lustig, lustig, traleralera!
Bald ist Niklausabend da,
bald ist Niklausabend da.

4. Wenn ich aufgestanden bin,
lauf ich schnell zum Teller hin.
Lustig, lustig, traleralera!
Heut ist Niklausabend da,
heut ist Niklausabend da.

5. Niklaus ist ein guter Mann,
dem man nicht genug danken kann.
Lustig, lustig, traleralera!
Heut ist Niklausabend da,
heut ist Niklausabend da.

Im Advent

Text und Melodie: Ingrid Sachs

2. Im Advent, im Advent, wir backen feine Plätzchen.
   Oh, komm, oh Herr, wir erwarten dich bald.

3. Im Advent, im Advent, wir schmücken schön das Haus.
   Oh, komm, oh Herr, wir erwarten dich bald.

4. Im Advent, im Advent, wir basteln viele Sterne.
   Oh, komm, oh Herr, wir erwarten dich bald.

5. Im Advent, im Advent, alles ist so schön und duftet.
   Oh, komm, oh Herr, wir erwarten dich bald.

Jesus ist geboren

Text und Melodie: Ingrid Sachs

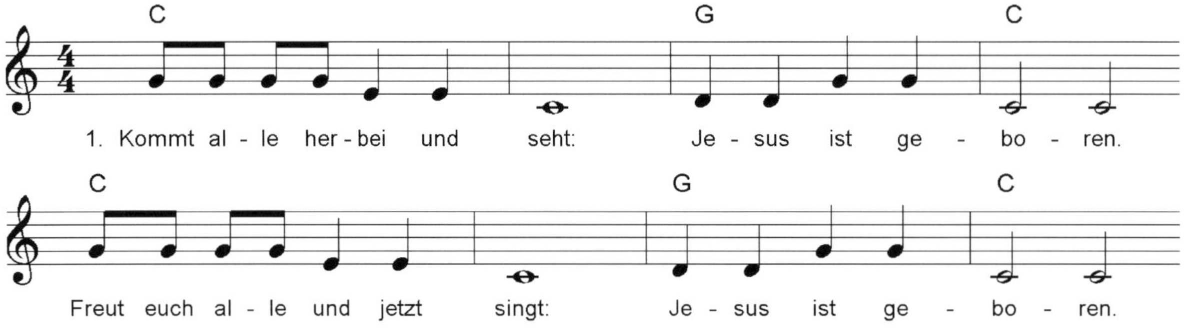

2. In der Krippe liegt er nun: Jesus ist geboren.
   Freut euch alle und jetzt singt: Jesus ist geboren.

3. Engel brachten die Botschaft: Jesus ist geboren.
   Freut euch alle und jetzt singt: Jesus ist geboren.

4. Alle Hirten kommen gleich: Jesus ist geboren.
   Freut euch alle und jetzt singt: Jesus ist geboren.

5. Sie danken Gott und rufen: Jesus ist geboren.
   Freut euch alle und jetzt singt: Jesus ist geboren.

6. Drei Könige kommen auch: Jesus ist geboren.
   Freut euch alle und jetzt singt: Jesus ist geboren.

7. Ein Stern zeigt ihnen den Weg: Jesus ist geboren.
   Freut euch alle und jetzt singt: Jesus ist geboren.

8. Sie bringen auch Geschenke: Jesus ist geboren.
   Freut euch alle und jetzt singt: Jesus ist geboren.

9. Gottes Sohn ist endlich da: Jesus ist geboren.
   Freut euch alle und jetzt singt: Jesus ist geboren.

Jesus ist geboren – Orff-Begleitung

Ein Stern erleuchtet die Nacht

Text und Melodie: Ingrid Sachs

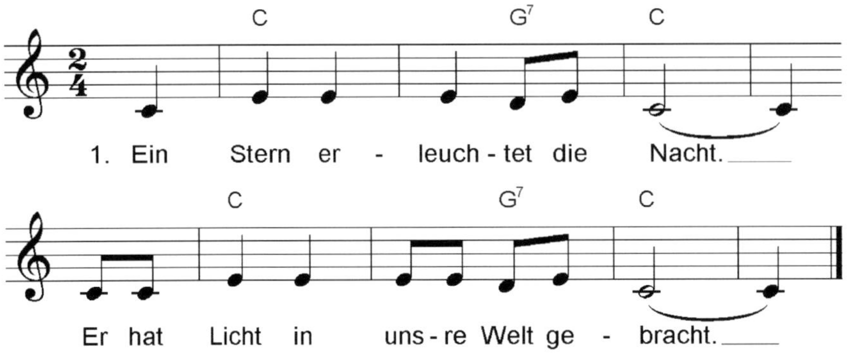

2. Ein Stern erleuchtet die Nacht.
   Menschen haben sich auf den Weg gemacht.

3. Ein Stern erleuchtet die Nacht.
   Jesus, der Stern, ist in uns erwacht.

Ein Stern erleuchtet die Nacht – Orff-Begleitung

Backen

Vorbemerkung

In jedem Land und jeder Region haben sich besondere Spezialitäten zur Advents- und Weihnachtszeit entwickelt. Einige davon werden in den folgenden Rezepten vorgestellt. Gemeinsames Backen und Essen in der Schule kann ein gemeinschaftsförderndes Erlebnis für die ganze Klasse sein und vermittelt einen Eindruck von gelebtem Brauchtum auf der ganzen Welt.

Zur Geschichte und Symbolik des Weihnachtsgebäcks

Nach germanischem Glauben durfte man in den zwölf Raunächten um die Zeit der Wintersonnenwende zum Schutz vor bösen Geistern das Haus nicht verlassen. Da die Frauen in dieser Zeit nicht kochten, waren Vorräte an Backwerk nötig.

In der christlichen Tradition sind die Speisen, die zur Advents- und Weihnachtszeit gegessen werden, ein Zeichen dafür, dass der Mensch mehr als das tägliche Brot zum Leben braucht. So verstanden ist Weihnachtsgebäck ein Symbol für das Lebensnotwendige in festtäglicher Form.

Lehrplanbezug

Sachunterricht

- Feste und Brauchtum im Jahreskreis mitgestalten: Advent und Weihnachten
- Feste vorbereiten und feiern
- Rezepte aus verschiedenen Ländern
- Zubereitung von Gerichten
- Gemeinsam essen

Zu den Kopiervorlagen

KV Seite 104

Luciabrote aus Schweden

In Schweden werden am 13. Dezember, dem Fest der heiligen Lucia, traditionsgemäß zum Frühstück Luciabrote, ein Hefeteiggebäck, gegessen. Lesen Sie dazu passend im Unterricht die Legende von der heiligen Lucia (Seite 18).

Aus dem Teig können verschiedene Formen gestaltet werden. Sollte es nicht möglich sein, die Luciabrote nach dem Backen noch warm zu essen, so empfiehlt es sich, sie vor dem Servieren auf ein Blech zu legen und in einem auf 140 Grad vorgeheizten Backofen etwa 10 Minuten zu erwärmen.

KV Seite 105

Lebkuchenmann-Plätzchen aus Großbritannien

In der Adventszeit wird im Morgenkreis die Geschichte vom Lebkuchenmann, im englischsprachigen Raum als „Gingerbread Man" bekannt, vorgelesen. Dann darf jedes Kind „seinen" Lebkuchenmann aus Teig herstellen (zu: Lernkarte Großbritannien, Seite 50).

KV Seite 106

Mandelkekse aus Italien

Das Rezept der Mandelkekse stammt aus der Toskana. In Italien sind sie als „Cantuccini" bekannt und werden das ganze Jahr über gegessen (zu: Lernkarte Italien, Seite 50).

KV Seite 107

Winterigel

Probieren Sie mit Ihrer Klasse dieses Rezept im Anschluss an die Geschichte „Als der kleine Igel Weihnachten verschlief" (siehe 4. Kapitel, Seite 110–121) im Unterricht aus.

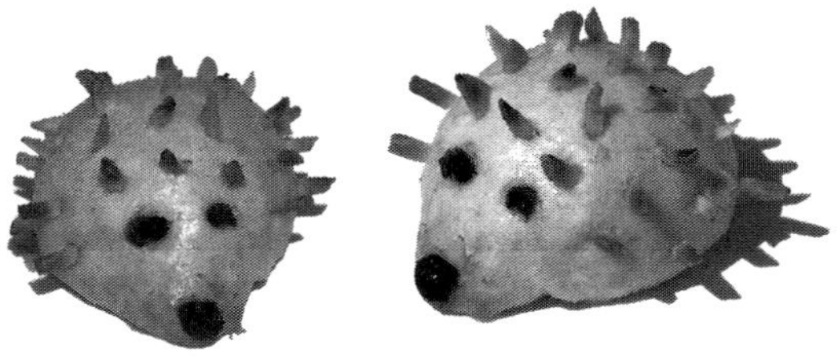

KV Seite 108

Schneesterne

Dieses Rezept kann im Anschluss an die Geschichte „Wie der Stern auf den Christbaum kam" (Seite 122–136) gemeinsam im Unterricht gebacken werden. So werden, wie in der Geschichte, neben gebastelten Sternen auch selbst gebackene Sterne hergestellt.

KV Seite 109

Weihnachtspunsch / Wintertrank

Die beiden Getränke erhalten durch die Gewürznelken bzw. die Zimtstange ihren „weihnachtlichen" Geschmack und können für eine Advents- oder Weihnachtsfeier in der Klasse einfach zubereitet werden.

Luciabrote aus Schweden

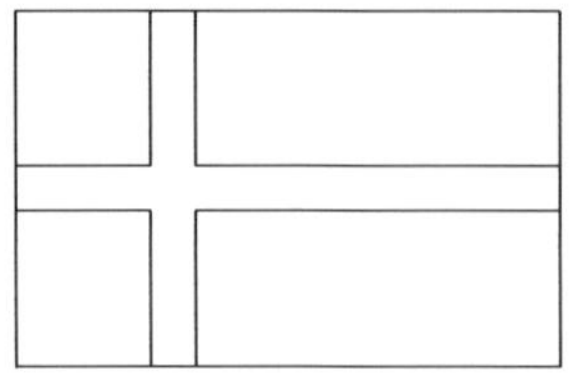

Du brauchst:

- 350 g Mehl
- 25 g Hefe
- 40 g Zucker
- 1/8 Liter lauwarme Milch
- 1 kleine Messerspitze Safran
- 1 Prise Salz
- 1 Ei
- 50 g Margarine
- 1 Eigelb zum Bestreichen

So wird's gemacht:

1. Siebe das Mehl in eine große Schüssel und drücke in die Mitte mit einem Esslöffel eine Mulde.
2. Bröckle in die Mulde die Hefe und streue etwas Zucker darüber. Rühre die Hefe und den Zucker mit etwas lauwarmer Milch glatt.
3. Bestreue diesen Vorteig mit etwas Mehl vom Rand. Decke die Schüssel mit einem Geschirrhandtuch ab und lasse den Vorteig an einem warmen Ort 15 Minuten gehen.
4. Löse den Safran mit 4 Esslöffeln lauwarmer Milch in einer Schüssel auf.
5. Gib das Salz, das Ei, die restliche Milch, den restlichen Zucker und den angerührten Safran zum Teig. Schmilz die Margarine in einem Topf und gieße sie ebenfalls dazu.
6. Verknete alles zu einem Teig und schlage ihn so lange, bis er sich von der Schüssel löst. Decke die Schüssel ab und lasse den Teig nochmals 30 Minuten gehen.
7. Forme auf einer bemehlten Arbeitsfläche fingerdicke, etwa 20–30 cm lange Rollen. Drehe die Rollen zu Schnecken, Brezeln oder Spiralen und lege sie auf ein mit Backpapier belegtes Backblech.
8. Verquirle mit einer Gabel das Eigelb in einer Tasse. Nimm einen Pinsel und bestreiche die Brote mit dem Eigelb.
9. Backe die Luciabrote im vorgeheizten Backofen bei 220 Grad 15 bis 20 Minuten.
10. Hole die Luciabrote aus dem Ofen und serviere sie noch warm.

Lebkuchenmann-Plätzchen aus Großbritannien

(Gingerbread Man Cookies)

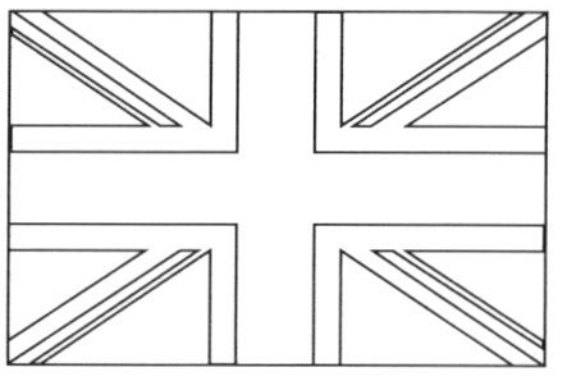

Du brauchst:

- 300 g Mehl
- ½ Teelöffel Backpulver
- 1 Teelöffel Zimt
- 1 Teelöffel gemahlenen Ingwer
- 1 Prise gemahlene Nelken
- 1 Teelöffel Natron
- 1 Prise Salz
- 180 g Butter
- 120 g Rohrzucker
- 100 g Zuckerrübensirup
- 1 Ei

So wird's gemacht:

1. Vermische das Mehl mit Backpulver, Zimt, Ingwer, Nelken, Natron und Salz in einer Schüssel.
2. Gib die Butter, den Rohrzucker und den Zuckerrübensirup in einen Topf und erhitze alles, bis sich die Zutaten aufgelöst haben. Lasse die Masse abkühlen.
3. Schütte die Masse in die Mehlmischung, gib das Ei dazu und verknete mit den Knethaken des Rührgeräts alles zu einem glatten Teig.
4. Rolle den noch warmen Teig zwischen Klarsichtfolie mit dem Nudelholz etwa ½ cm dick aus, lege ihn auf ein Backblech und stelle ihn mindestens 2 Stunden in den Kühlschrank.
5. Hole den Teig aus dem Kühlschrank, entferne die Folie und bestreue ihn mit etwas Mehl.
6. Lege die Lebkuchenmann-Schablone vorsichtig auf und fahre den Umriss mit einem stumpfen Messer nach. Rolle die Teigreste nochmals aus und schneide ebenfalls Figuren aus.
7. Lege die Lebkuchenmännchen auf ein mit Backpapier ausgelegtes Backblech. Backe sie bei 175 Grad etwa 10 bis 15 Minuten, bis sie goldbraun sind.
8. Hole die Lebkuchenmännchen aus dem Backofen und lasse sie abkühlen. Vermische 50 g Puderzucker mit etwas Wasser und male Gesicht und Knöpfe auf.

So stellst du die Lebkuchenmann-Schablone her:

Lege über die Vorlage Butterbrotpapier und zeichne den Lebkuchenmann mit Bleistift nach. Klebe das Butterbrotpapier auf Karton und schneide den Lebkuchenmann aus. Fertig ist die Lebkuchenmann-Schablone!

Mandelkekse aus Italien

(Cantuccini)

Du brauchst:

- 250 g Mehl
- 1 Teelöffel Backpulver
- 2 Eier
- 50 g Butter
- 100 g Zucker
- 1 Päckchen Vanillezucker
- ½ Flasche Bittermandelaroma
- 1 Prise Salz
- 200 g gehackte Mandeln

So wird's gemacht:

1. Siebe das Mehl in eine große Schüssel und gib das Backpulver dazu. Drücke in die Mitte mit einem Esslöffel eine Mulde.
2. Gib in die Mulde die Eier, die Butter, den Zucker, den Vanillezucker, das Bittermandelaroma und das Salz.
3. Verknete die Zutaten zuerst mit den Knethaken des Rührgeräts und dann mit den Händen zu einem glatten Teig.
4. Gib zum Schluss die gehackten Mandeln dazu und knete sie gleichmäßig unter den Teig.
5. Forme den Teig zu einer Kugel, wickle ihn in Klarsichtfolie und lege ihn etwa eine halbe Stunde in den Kühlschrank.
6. Hole den Teig aus dem Kühlschrank, entferne die Folie und zerschneide den Teig in sechs etwa gleich große Teile. Forme aus jedem Teil eine etwa 25 cm lange Rolle.
7. Lege die Rollen im Abstand von ca. 8 cm auf das Backblech und backe sie im vorgeheizten Backofen bei 180 Grad 10 bis 15 Minuten vor. Lass die Rollen kalt werden.
8. Zerschneide die Rollen schräg in etwa 1 cm dicke Scheiben. Lege die Stücke mit der Schnittfläche nochmals auf das Backblech.
9. Backe die Stücke auf 160 Grad nochmals etwa 20 Minuten. Die Mandelkekse sollen goldbraun sein.
10. Lass die Mandelkekse abkühlen. Jetzt kannst du sie essen.

Winterigel

Du brauchst:

Für den Teig:
- 150 g Magerquark
- 6 Esslöffel Öl
- 1 Ei
- 1 Prise Salz
- 4 Esslöffel Zucker
- 300 g Mehl
- ½ Päckchen Backpulver

Zum Verzieren:
- 1 Eigelb
- Rosinen
- Mandelstifte

So wird's gemacht:

1. Gib den Quark, das Öl, das Ei, das Salz und den Zucker in eine Schüssel. Verrühre alles gut mit dem Rührgerät.
2. Vermische das Mehl mit dem Backpulver und gib es in die Schüssel dazu. Rühre das Mehl gut unter.
3. Wenn der Teig noch zu klebrig ist, gib 1–2 Esslöffel Mehl hinzu.
4. Bestreiche ein Backblech mit Öl oder belege es mit Backpapier.
5. Teile den Teig in zwölf gleich große Stücke und forme daraus mit der Hand Igelkörper: Sie sollen unten flach und oben rund sein und eine vorstehende Nase haben. Setze die Igel mit ausreichend Abstand auf das Backblech.
6. Verquirle mit einer Gabel das Eigelb in einer Tasse. Nimm einen Pinsel und bestreiche die Igel mit dem Eigelb.
7. Gestalte mit jeweils drei Rosinen Augen und Nase der Igel. Stecke die Mandelstifte als Stacheln in die Igelkörper.
8. Backe deine Igel im vorgeheizten Backofen bei 180 Grad.
9. Nach ungefähr 15 Minuten sind sie fertig. Sie sollen goldgelb sein.
10. Hole die Igel aus dem Backofen und lasse sie abkühlen. Jetzt kannst du sie essen.

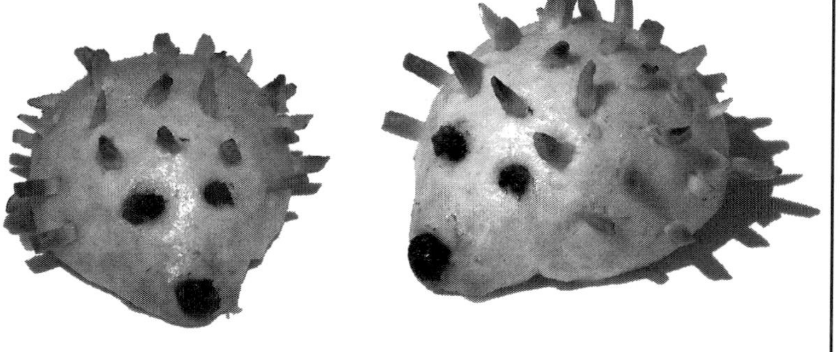

Schneesterne

Du brauchst:

Für den Teig:
- 350 g Mehl
- 1 Teelöffel Backpulver
- 125 g Butter
- 75 g gemahlene Haselnüsse
- 125 g Zucker
- 2 Eier
- 1 Teelöffel Zimt
- Marmelade

Für die Glasur:
- 100 g Puderzucker
- 1–2 Esslöffel heißes Wasser
- Kokosflocken

So wird's gemacht:

1. Siebe das Mehl in eine große Schüssel und gib das Backpulver dazu. Drücke in die Mitte mit einem Esslöffel eine Mulde.
2. Gib in die Mulde die Eier, den Zucker, die Haselnüsse und den Zimt. Lege die Butter in kleinen Stückchen rundherum auf das Mehl.
3. Verknete die Zutaten zuerst mit den Knethaken des Rührgeräts und dann mit den Händen zu einem glatten Teig.
4. Forme den Teig zu einer Kugel, wickle ihn in Klarsichtfolie und lege ihn etwa eine halbe Stunde in den Kühlschrank.
5. Hole den Teig aus dem Kühlschrank, entferne die Folie und rolle den Teig auf einer bemehlten Arbeitsfläche mit dem Nudelholz dünn aus.
6. Stich mit einer Plätzchenform Sterne aus und lege sie auf ein mit Backpapier ausgelegtes Backblech.
7. Backe die Sterne bei 180 Grad etwa 12 Minuten. Wenn sie fest sind und leicht braun werden, holst du sie heraus.
8. Bestreiche jeweils ein Plätzchen mit Marmelade und setze einen zweiten Stern darauf.
9. Verrühre den Puderzucker mit dem heißen Wasser zu einer dicken Glasur. Bestreiche damit die obere Seite deiner Sterne. Streue Kokosflocken darauf und lass die Glasur trocknen.

Weihnachtspunsch

Du brauchst:

- ½ Liter Wasser
- 2 Beutel roten Früchtetee
- 3 Orangen
- 2 Zitronen
- 1 Liter Apfelsaft
- 1 Zimtstange
- 1 Esslöffel Gewürznelken
- Honig oder Zucker nach Wahl

So wird's gemacht:

1. Koche das Wasser und bereite den Früchtetee zu.
2. Presse den Saft der Zitronen und Orangen aus.
3. Gieße den ausgepressten Saft und den Apfelsaft in den Tee und gib die Zimtstange und die Gewürznelken dazu.
4. Lass den Punsch zwei Stunden ziehen.
5. Nimm die Zimtstange und die Nelken wieder heraus.
6. Süße den Punsch nach Geschmack mit Honig oder Zucker.

Du kannst den Punsch warm oder kalt servieren.

Wintertrank

Du brauchst:

- 1½ Liter Hagebuttentee
- 2 Liter Kirschsaft
- ½ Liter Orangensaft
- 2 Orangen
- 3 Esslöffel Honig
- 2 Gewürznelken

So wird's gemacht:

1. Gieße den Hagebuttentee, den Kirschsaft und den Orangensaft in einen großen Topf.
2. Schneide die Orangen in Scheiben und gib sie dazu.
3. Gib den Honig und die Gewürznelken dazu und erhitze den Wintertrank kurz.
4. Nimm die Orangenscheiben und die Gewürznelken wieder heraus.

Du kannst den Wintertrank warm oder kalt servieren.

4. Kapitel: Unterrichtsprojekte

Als der kleine Igel Weihnachten verschlief

Vorbemerkung

Der Ausgangspunkt der vorliegenden Unterrichtssequenz ist eine Geschichte, die von den Schülern mit verschiedenen Instrumenten als Klanggeschichte gestaltet wird. Alle weiteren Elemente können in beliebiger Auswahl und Reihenfolge im Unterricht eingesetzt werden.

Inhalt der Geschichte
Die Tiere haben erfahren, dass die Menschen bald das Fest Weihnachten feiern werden. Ein Kind wird in einem Stall zur Welt kommen. Die Tiere wollen dieses Kind besuchen. Der kleine Igel, die zentrale Figur der Geschichte, hält jedoch zu der Zeit, als die anderen Tiere zur Krippe gehen, seinen Winterschlaf und kann deshalb nicht mitkommen. Als der Igel im Frühjahr aufwacht, ist er traurig, als er erfährt, dass Weihnachten bereits vorüber ist.

Lehrplanbezug

Deutsch
- Sinnverstehendes Lesen weiterentwickeln
- Text mit Musik untermalen
- Ein Leporello selbst gestalten
- Eine Fortsetzung zur Geschichte finden

Kunst
- Eine Collage erstellen
- Eine Geschichte nachspielen

Musik
- Mit Instrumenten experimentieren und spielen
- Eine Klanggeschichte zu einer Geschichte gestalten

Zu den Kopiervorlagen

KV Seite 113–115

Als der kleine Igel Weihnachten verschlief – Vorlesegeschichte
Die Vorlesegeschichte stellt die Textgrundlage für die Gestaltung mit den Instrumenten dar. Bei der Auswahl der Tiere für die Geschichte stand die gute Darstellbarkeit mit Orff- und Rhythmikinstrumenten im Vordergrund. Aus diesem Grund kommt neben den heimischen Tieren Bär, Fuchs, Hase, Eule, Feldmaus, Meise, Eichhörnchen und Igel auch der Elefant vor. Darüber hinaus sollten die Kinder darauf hingewiesen werden, dass der Kuckuck ein Zugvogel ist und sich im Winter in Afrika befindet.

Bei der Formulierung des Vorlesetextes wurde darauf geachtet, dass die einzelnen Instrumente möglichst oft zum Einsatz kommen.

Als Querverbindung zum Sachunterricht können im Unterricht die Anpassungsstrategien der Tiere an den Winter behandelt werden: Der Igel hält etwa von November bis März Winterschlaf, bei dem die Körpertemperatur stark gesenkt und Herzschlag und Atmung verlangsamt werden. In dieser Zeit zehrt er von seinen Fettreserven, die er sich im Herbst angefuttert hat. Das Eichhörnchen, der Bär und auch die Feldmaus halten Winterruhe, indem sie sich bei starker Kälte in ein Versteck zurückziehen. Dort schlafen sie, doch ihre Körpertemperatur sinkt nicht. Hin und wieder wachen sie auf und fressen von ihren Futtervorräten.

Vorbereitung der Klanggeschichte
Lesen Sie die Geschichte ein erstes Mal vor, damit die Kinder den Inhalt kennenlernen. Im Anschluss daran werden im Unterrichtsgespräch Tiere und weitere Phänomene (Blätter, Wind …) gesammelt, die mit Instrumenten dargestellt werden können.

Nun sollten die Schüler in Kleingruppen ausreichend Zeit zum Experimentieren mit Orff- und Rhythmikinstrumenten haben. Dafür müssen die Kinder bereits mit der Spielweise der Instrumente vertraut sein. Sie erhalten den Auftrag, für ein oder mehrere Tiere eine hinsichtlich Klangfarbe und Tonhöhe passende klangliche Darstellung zu finden. Dafür können sie beispielsweise Tierlaute, die typische Gangart oder Ähnliches nachahmen. Die Vorschläge werden im Sitzkreis besprochen und schließlich wird jeweils eine Spielweise festgelegt, die aufgeschrieben wird.

Bei der nachstehenden Übersicht handelt es sich um einen unverbindlichen Vorschlag für die Gestaltung des Textes. Sie können die Geräusche bzw. Melodien vorspielen und ihnen passende Tiere bzw. Phänomene zuordnen lassen. Wenn die Kinder noch nicht mit der Spielweise der Instrumente vertraut sind, lernen sie sie auf diese Weise kennen und prägen sich zugleich die einzelnen Geräusche/Melodien ein.

Die Spielweise eines jeden Instruments, das heißt die Anzahl der Schläge, wird genau festgelegt. Bevor die Geschichte gestaltet wird, sollte jedes Kind sein Instrument einmal ausprobiert haben.

Feldmaus	Sopran-Xylophon:	
Hase	Sopran-Xylophon:	
Fuchs	Alt-Xylophon:	
Bär	Bass-Xylophon:	
Eule	Metallophon:	
Kuckuck	Glockenspiel:	
Eichhörnchen	Glockenspiel:	
Elefant	Pauke: zweimal schlagen	
Meise	Triangel: fünfmal schnell hintereinander schlagen	
Igel	Schellenkranz oder Schellenstab: einmal anschlagen	
3 Hühner	3 Holzblocktrommeln: schnell schlagen	
Esel	Handtrommel: mit Schlägel schlagen	
Ochse	Klangstäbe: dreimal gegeneinander-schlagen	
Blätter	Rassel	
Wind	Handtrommel: mit der Handfläche reiben	
Schnee	Handtrommel: mit den Fingerspitzen leicht anklopfen	
Stern	Becken: ein Schlag	

Selbstverständlich können Sie diesen Vorschlag den Gegebenheiten an Ihrer Schule entsprechend verändern und anpassen. Je nach Klassenstärke kann es auch erforderlich sein, einige Rollen mehrfach zu besetzen.

Durchführung der Klanggeschichte
Lesen Sie die Geschichte langsam vor und machen Sie bei den fett gedruckten Wörtern kleine Pausen, in denen die Kinder den Text mit ihren Instrumenten musikalisch gestalten. Sie spielen die vereinbarte Tonfolge immer dann, wenn der entsprechende Tiername bzw. das entsprechende Phänomen genannt wird. Während der übrigen Geschichte und auch wenn ihr Tier spricht, halten sie das Instrument ruhig in der Hand. Kommt im Text das Wort „Tiere" vor, dann spielen alle beteiligten Rollen (d. h. Elefant, Eule, Kuckuck, Feldmaus, Eichhörnchen, Bär, Meise, Hase und Fuchs mit bzw. ohne Igel) gleichzeitig.

Wenn die Schule mit den entsprechenden Geräten ausgestattet ist, wird die Klanggeschichte nach einigen Übungsphasen auf Kassette oder CD aufgenommen. Es ist eine schöne Erinnerung, wenn jedes Kind eine Kopie der Aufnahme erhält, die es mit nach Hause nehmen kann.

Auf der Grundlage der Vorlesegeschichte sind in den anschließenden Unterrichtsstunden folgende Aktivitäten im Bereich der mündlichen Sprachgestaltung möglich:

Erzählen mit eigenen Worten
Die Kinder erzählen die Geschichte mit eigenen Worten und spielen dazu mit den Instrumenten. Dabei können auch andere Instrumente für die Tiere verwendet oder weitere Tiere eingefügt werden.

Erzählen mit verteilten Rollen
Jeder Schüler übernimmt die Rolle eines Tieres und ergänzt im Laufe der Geschichte die wörtlichen Reden, die „sein" Tier spricht. Dabei übernehmen Sie die Erzählerrolle bzw. lesen die Vorlesegeschichte ohne die wörtlichen Reden vor.

KV Seite 116/117

Als der kleine Igel Weihnachten verschlief – Schülerlesetext und Arbeitsblatt

Dieser Lesetext ist eine für die zweite Jahrgangsstufe geeignete, verkürzte Fassung der Vorlesegeschichte. Im Anschluss an die Gestaltung der Geschichte mit Instrumenten kann mit diesem Text im Deutschunterricht weitergearbeitet werden.

Das Arbeitsblatt dient der Überprüfung des Textverständnisses. Die Kinder beantworten die Fragen zur Geschichte, indem sie die richtigen Antworten ankreuzen.

Lösung Seite 117

Aufgabe 1:

a) Hase, Eichhörnchen, Fuchs, Eule, Elefant, Meise
b) Weihnachten
c) Igel
d) Er hielt seinen Winterschlaf.

Aufgabe 2:

Esel, Ochse, Hühner, Bär, Eichhörnchen, Elefant, Eule, Feldmaus, Fuchs, Hase, Kuckuck, Meise

KV Seite 118

Wie der kleine Igel Weihnachten doch noch erlebte

Ausgehend von der Vorlesegeschichte, die einen offenen Schluss hat, erfinden die Schüler eine Fortsetzung der Geschichte. Falls erforderlich, werden in einem vorbereitenden Unterrichtsgespräch verschiedene Möglichkeiten für den Ausgang der Geschichte besprochen und gesammelt.

KV Seiten 119–121

Leporello

Als künstlerische Gestaltung fertigen die Kinder in Kleingruppen jeweils ein Bild zu einer Szene der Geschichte an. Dafür lost jede Gruppe zunächst einen Textstreifen mit der Beschreibung einer Szene (Seite 119). Aus den angebotenen Materialien wählen sich die Gruppen die für ihre Szene benötigten Tierbilder sowie weitere Materialien aus und gestalten damit auf einem Zeichenblockblatt (DIN A3) ein passendes Bild. Den Kindern sollten dabei keinerlei Vorgaben gemacht werden. So können sie kreativ und fantasievoll arbeiten.

Folgende Materialien werden angeboten:

- Bildvorlagen (Seite 120/121) – mehrfach kopiert und grob ausgeschnitten
- Tonpapier
- Glanzpapier
- Watte für den Schnee
- getrocknete Blätter
- Heu oder Stroh

Die Bilder werden anschließend in der richtigen Reihenfolge zu einem „Klassenleporello" zusammengestellt und im Klassenzimmer oder im Schulgebäude ausgestellt.

Im Anschluss an die künstlerische Gestaltung, bei der sich die Kinder intensiv mit dem Inhalt ihrer Szene auseinandergesetzt haben, stellt jede Gruppe ihren Teil der Geschichte szenisch dar. Sie erfinden dazu passende Sprechtexte und können auch verschiedene Requisiten einsetzen.

Als der kleine Igel Weihnachten verschlief (1)

„Die **Eule** kommt zurück! Die **Eule** kommt zurück!“, rief der **Kuckuck** aufgeregt. Er hatte sie schon in der Ferne gesehen. Jedes Jahr machte sich die **Eule** auf den Weg zu den Menschen. Dort wollte sie erfahren, was es Neues gab. Im Sommer flog sie los und nun war es schon Herbst geworden. Der **Wind** rauschte leicht durch die Bäume. Die ersten **Blätter** waren bereits bunt geworden und schwebten sacht auf den Boden.

Aufgeregt liefen die **Tiere** zusammen. Der **Elefant** stampfte herbei und setzte sich in die Mitte des großen Platzes, wo sich alle **Tiere** versammelten. Die **Feldmaus** kroch schnell aus ihrem Loch und setzte sich neben den **Elefanten**. Das **Eichhörnchen** huschte rasch vom Baum herunter. Der dicke **Bär** reckte und streckte sich. Er hatte es nicht gerne, wenn man ihn bei seinem Mittagsschlaf störte. Die **Meise** flatterte aufgeregt hin und her. Sie konnte nicht still halten. Was hatte die **Eule** zu berichten?

Langsam und stolz schlich der **Fuchs** aus dem Wald. Schnell hoppelte der **Hase** aus seinem Versteck. Weit entfernt vom **Fuchs** setzte er sich in den Kreis der **Tiere**. Als Letzter kam der kleine **Igel** in den Kreis.

„Nun erzähl schon, **Eule**!“, riefen die **Tiere** aufgeregt durcheinander.

Die **Eule** setzte sich auf den Ast eines Baumes. „Ich habe gute Neuigkeiten für euch“, sagte die **Eule**. „Die Menschen bereiten sich auf ein großes Fest vor.

Es heißt Weihnachten. Das Christkind wird geboren. Es wird in einem Stall liegen.

Ich habe mit Sterndeutern gesprochen.

Sie wollen das Christkind besuchen.

Sie wissen, dass sie ein **Stern** zu ihm führen wird.“

Aufgeregt murmelten die **Tiere** durcheinander. Was für ein schönes Fest!

Als Erster sprach der **Elefant**: „Ich finde, wir sollten das Christkind besuchen.“

„Oh ja, das möchte ich auch!“, piepste die **Feldmaus**.

Der **Igel** hüpfte vor Freude hin und her.

Auch der **Fuchs** war dafür. Er dachte:

„Im Stall gibt es bestimmt ein paar **Hühner**. Das ist gut! Im Winter habe ich immer furchtbaren Hunger.“

„Wir werden den **Stern** sehen. Dann wissen wir, wann es so weit ist. Er wird uns den Weg zeigen“, erklärte die **Eule**.

Und so beschlossen die **Tiere**, das Christkind zu besuchen.

Jeden Tag fragte der kleine **Igel**: „Wann ist Weihnachten? Wann gehen wir endlich los?“ So aufgeregt war er.

Der **Kuckuck** antwortete geduldig: „Warte, bis der **Stern** aufgeht!“

Als der kleine Igel Weihnachten verschlief (2)

Langsam wurde es Winter. Der **Wind** wehte nun stärker. Auch die letzten **Blätter** fielen von den Bäumen. Die ersten **Schnee**flocken fielen langsam zur Erde. Für den kleinen **Igel** wurde es Zeit für seinen Winterschlaf. Gemütlich kuschelte er sich in den großen Laubhaufen hinter dem alten Baum. Er schloss die Augen und schlief schnell ein.

Das **Eichhörnchen** zog sich in sein Baumnest zurück und ruhte sich aus. Doch von Zeit zu Zeit kam es heraus, um sich etwas von seinen versteckten Futtervorräten zu holen.

Es schneite immer mehr und mehr. Bald lag eine dicke **Schnee**schicht über dem Wald. Und eines Nachts stand ein heller, leuchtender **Stern** am Himmel.

„Es ist so weit! Jetzt ist Weihnachten!“, rief der **Hase**. Der **Elefant** trompetete laut. Alle **Tiere** kamen herbei: der **Elefant**, die **Eule**, der **Kuckuck**, die **Feldmaus**, der **Bär**, der **Fuchs**, die **Meise**, das **Eichhörnchen** und der **Hase**. Nur der kleine **Igel** schlief tief und fest. Niemand dachte an ihn.

Und so machten sich die **Tiere** ohne den kleinen **Igel** auf den Weg.

Es lag viel **Schnee** und der Weg war weit. Der **Bär** ging voran. Hinter ihm hoppelte der **Hase**, dann kamen der **Elefant**, die **Feldmaus** und das **Eichhörnchen**. Der **Fuchs** schlich als Letzter hinterher. Die **Eule**, die **Meise** und der **Kuckuck** flogen über den anderen hin und her.

Nach einiger Zeit konnte die **Feldmaus** nicht mehr weiter. So nahm der **Elefant** sie auf die Schulter. Mühsam kämpften sich die **Tiere** durch den tiefen **Schnee**. Der **Stern** zeigte ihnen den Weg.

Nach drei Tagen hatten die **Tiere** ihr Ziel erreicht. Der **Stern** blieb über einem Stall stehen. Leise betraten sie den Stall.

Ein paar **Hühner** gackerten aufgeregt. Dem **Fuchs** lief das Wasser im Mund zusammen.

In der Ecke standen ein **Ochse** und ein **Esel**. Der **Ochse** kaute Stroh. Der **Esel** begrüßte die **Tiere** mit einem freundlichen „Iah!“.

In der Mitte des Stalls stand eine Futterkrippe. Darin lag ein kleines Baby. Es weinte leise. Neben der Krippe standen zwei Menschen. Als der **Fuchs** das Kind sah, vergaß er die **Hühner** und seinen Hunger.

Die **Tiere** stellten sich um die Krippe herum auf: der **Elefant**, der **Kuckuck**, die **Eule**, die **Feldmaus**, der **Bär**, der **Fuchs**, die **Meise**, das **Eichhörnchen** und der **Hase**. Auch der **Esel** und der **Ochse** kamen herbei.

Als der kleine Igel Weihnachten verschlief (3)

Nur die **Hühner** gackerten weiter in der Ecke. Als das Christkind die **Tiere** sah, hörte es auf zu weinen und lächelte sanft. Einen Tag blieben die **Tiere** bei dem Kind im Stall. Dann machten sie sich wieder auf den Weg und kehrten nach Hause zurück. Der **Wind** blies stark. Es **schneite** und **schneite**. Es war bitterkalt. Aber den **Tieren** machte das nichts mehr aus. So glücklich hatte sie der Besuch beim Christkind gemacht. Viele Tage sprachen sie über nichts anderes mehr. Langsam wurde es Frühling. Die Sonnenstrahlen ließen den **Schnee** schmelzen. Der kleine **Igel** erwachte und kroch aus seinem Laubhaufen. „Wann ist Weihnachten? Wann gehen wir los?", fragte er als Erstes.

Der **Bär** antwortete: „Oh kleiner **Igel**! Weihnachten ist schon lange vorbei. Du hast das Fest verschlafen!"

Da wurde der kleine Igel sehr traurig. Er bat den **Kuckuck**, ihm alles zu erzählen. Und auch der **Hase**, der **Bär**, die **Meise** und der **Fuchs** mussten ihm immer wieder erzählen, was sie erlebt hatten. Nun konnte sich der kleine **Igel** alles vorstellen. Aber traurig war er doch, dass er Weihnachten einfach so verschlafen hatte.

Name:

Als der kleine Igel Weihnachten verschlief

Im Herbst kam die Eule zu den Tieren zurück. Sie war bei den Menschen gewesen. Alle Tiere versammelten sich auf einem großen Platz. Es kamen der Elefant, der Kuckuck, die Feldmaus, das Eichhörnchen, der Bär, die Meise, der Hase, der Fuchs und der kleine Igel. Die Eule erzählte ihnen von Weihnachten und vom Christkind. Alle Tiere wollten das Christkind sehen. Ein Stern sollte ihnen den Weg zeigen. Der kleine Igel konnte es kaum erwarten. Er wollte unbedingt mitkommen. Es wurde Winter und überall lag nun viel Schnee. Der kleine Igel machte jetzt seinen Winterschlaf. Eines Nachts sahen die Tiere den Stern am Himmel. Sie machten sich auf den Weg und folgten dem Stern. Sie vergaßen den kleinen Igel, der tief und fest schlief. Der Stern führte die Tiere zum Stall. Sie gingen hinein. Im Stall waren ein paar Hühner, ein Esel und ein Ochse. In der Krippe lag das Christkind. Zwei Menschen standen neben der Krippe. Die Tiere blieben einen Tag dort. Dann gingen sie wieder nach Hause. Im Frühling wachte der kleine Igel auf. Die Tiere erzählten ihm, dass er Weihnachten verschlafen hatte. Da war er sehr traurig.

Name:

Als der kleine Igel Weihnachten verschlief

1. Kreuze die richtigen Antworten an.

a) Welche Tiere kommen in der Geschichte vor?

❑ Hase ❑ Löwe ❑ Tiger
❑ Eichhörnchen ❑ Fisch ❑ Fuchs
❑ Eule ❑ Elefant ❑ Meise

b) Auf welches Fest freuten sich die Tiere?

❑ Ostern ❑ Fasching/Karneval ❑ Weihnachten

c) Wer war nicht im Stall?

❑ Igel ❑ Bär ❑ Menschen
❑ Hühner ❑ Esel ❑ Eule

d) Warum war der kleine Igel zu Hause geblieben?

❑ Er hatte keine Lust mitzukommen.
❑ Er wollte seine Familie besuchen.
❑ Er hielt seinen Winterschlaf.
❑ Der Weg war ihm zu weit.

2. Schreibe auf.
Welche Tiere waren am Ende der Geschichte beim Christkind im Stall?

Name:

Wie der kleine Igel Weihnachten doch noch erlebte

Schreibe die Geschichte weiter.

Der kleine Igel war sehr traurig, dass er Weihnachten verschlafen hatte. Aber eines Tages hatte er doch noch Glück. Er war gerade in einem Garten unterwegs. Da kam ein Kind aus dem Haus heraus. Es sagte zu ihm: „Du bist doch der kleine Igel, der Weihnachten verschlafen hat." Der Igel fragte: „Woher weißt du das?" Das Kind antwortete: „Ich bin das Christkind."

Leporello – Textstreifen

✂

Die Eule kommt von den Menschen zurück.
Die Tiere versammeln sich.
Die Eule sitzt auf dem Baum und erzählt von Weihnachten.
Der kleine Igel hüpft vor Freude hin und her.
Der kleine Igel schläft unter einem Laubhaufen.
Die Tiere sehen den ersten Schnee.
Die Tiere sehen den Stern.
Die Tiere machen sich auf den Weg zur Krippe.
Die Tiere betreten den Stall.
Ein Ochse und ein Esel stehen im Stall.
Die Tiere versammeln sich um die Krippe.
Die Tiere wandern zurück nach Hause.
Der kleine Igel wacht auf.
Der Bär erzählt dem kleinen Igel von Weihnachten.

Leporello – Bildvorlagen (1)

Leporello – Bildvorlagen (2)

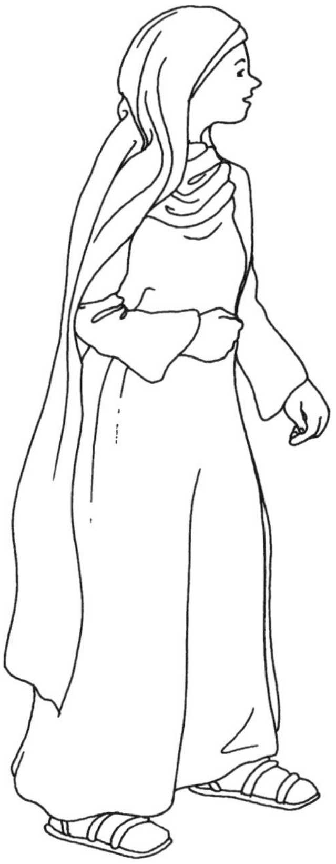

Wie der Stern auf den Christbaum kam

Vorbemerkung

Die Vorlesegeschichte bildet die Grundlage der Unterrichtssequenz und damit den Ausgangspunkt für alle weiteren Aktivitäten. Die einzelnen Elemente können in beliebiger Reihenfolge im Unterricht eingesetzt werden. Auch der von der Geschichte unabhängige Einsatz einzelner Teile ist möglich.

Die Erzählung bietet eine märchenhafte Erklärung für die Herkunft des Brauchs, selbst gebastelte Sterne an den Christbaum zu hängen. Verdeutlichen Sie den Kindern, dass es sich dabei nicht um einen Tatsachenbericht, sondern um eine erfundene Geschichte handelt, die der Unterhaltung dient.

Lehrplanbezug

Deutsch

- Eine einfache Bildergeschichte folgerichtig und lebendig erzählen
- Sinnverstehendes Lesen weiterentwickeln
- Freie Texte schreiben: Elfchen
- Zu Bildern schreiben

Kunst

- Zum Weihnachtsfest schmückende Elemente gestalten
- Rollenspiel
- Gestalten mit Papier: Frottage

Zur Symbolik des Weihnachtssterns
In der Bibel (Mt 2, 1–12) wird von Sterndeutern berichtet, die sich von einem Stern nach Bethlehem führen lassen. An diesen Stern erinnern wir uns, wenn wir Weihnachtssterne basteln und damit unsere Wohnung oder den Christbaum schmücken. Zugleich ist der Stern ein Symbol für das Licht, das die dunkle Nacht erhellt, da dem christlichen Glauben entsprechend mit dem Kind in der Krippe das Licht in die Welt gekommen ist.

Zu den Kopiervorlagen

KV Seite 125/126

Wie der Stern auf den Christbaum kam – Vorlesegeschichte
Die Textvorlage ist als Vorlesegeschichte gedacht. Sie kann auch als Grundlage für eine Lehrererzählung dienen, die Sie frei vortragen. Die Geschichte soll die Kinder zum genauen Hinhören anregen.

Einzelne Szenen der Vorlesegeschichte können von den Kindern in Kleingruppen spielerisch dargestellt werden. Nach der Verteilung der Rollen erfinden sie im freien Spiel spontan passende Dialoge.
Vorschläge für geeignete Szenen:

- Die Kinder entdecken den Stern auf dem Christbaum.
- Die Kinder kommen nach Hause und erzählen ihren Eltern vom Stern auf dem Christbaum.
- Die Menschen entdecken, dass der Stern verschwunden ist.

Zur Geschichte können die Kinder das Lied „Ein Stern erleuchtet die Nacht“ (Seite 100/101) mit dem dazugehörenden Sternentanz (siehe Seite 95) einüben.

KV Seite 127/128

Wie der Stern auf den Christbaum kam – Schülerlesetext und Arbeitsblätter
Die Vorlesegeschichte wurde auf die wichtigsten Inhalte gekürzt, sodass sie als Lesetext für die zweite Jahrgangsstufe geeignet ist. Auf diesem Text basiert das Arbeitsblatt zur Überprüfung des Textverständnisses (Seite 128). Durch Ankreuzen sollen die Fragen zum Text beantwortet werden. Die letzte Frage kann jedes Kind seinen Fähigkeiten entsprechend beantworten.

Nach der Behandlung des Lesetextes erzählen die Kinder die Geschichte mit eigenen Worten nach. Dazu können auch die Bildkarten (Seite 130) als Merkhilfe verwendet werden. Als Erzählanlass wird die Situation vorgegeben, dass der kleine Stern nach seiner Rückkehr auf die Wolke den anderen Sternen berichtet, was er auf der Erde erlebt hat. Auch ein Perspektivenwechsel ist bei der Erzählung denkbar: Der Mond erzählt, was er beobachtet hat.

Direkt im Anschluss an die Vorlesegeschichte oder nach der Bearbeitung des Lesetextes kann die Kopiervorlage von Seite 129 eingesetzt werden. Dazu schneiden die Kinder die Bild- und Textkarten (Seite 130) aus. Zunächst bringen sie die Bilder der Geschichte entsprechend in die richtige Reihenfolge und kleben sie auf. Dann ordnen sie die Textkarten mit den Wortsammlungen den Bildern zu und ergänzen sie mit eigenen Wörtern. Jetzt können die Schüler die Bildergeschichte mithilfe des Arbeitsblattes nacherzählen (1. Jahrgangsstufe) und/oder aufschreiben (2. Jahrgangsstufe).

Lösung Seite 128

Aufgabe 1:

a) Das Sternchen war zu neugierig.
   Das Sternchen schaukelte so wild.
b) Auf dem Marktplatz.
c) Weil ihnen der Stern so gefiel.
d) Strohsterne, Plätzchensterne, Holzsterne, Goldfoliensterne.

Aufgabe 2:

Das kleine Sternchen konnte an einem Mondstrahl entlang in den Himmel gleiten. Es kehrte auf seine Wolke zurück.

KV Seite 131/132

Weihnachts-Elfchen

Die Textform „Elfchen" ermöglicht es den Kindern, bereits sehr früh selbstständig kleine Gedichte nach einfachen Regeln zu verfassen. Auf diese Weise werden sie an eine kreative Gedichtproduktion herangeführt.

Ein Elfchen besteht aus elf Wörtern, die in fünf Zeilen folgendermaßen angeordnet werden:

1. Zeile, ein Wort:	ein Adjektiv
2. Zeile, zwei Wörter:	Artikel und Nomen
3. Zeile, drei Wörter:	Wie ist es? Wo ist es? Was tut es?
4. Zeile, vier Wörter:	Was hat der Schreiber damit zu tun? Was empfindet er? Beginne mit „Ich".
5. Zeile, ein Wort:	ein abschließendes Wort, das alles zusammenfasst

Ausgehend von dem vorgegebenen Beispiel erfolgt auf der Kopiervorlage (Seite 131) eine Einführung in den Aufbau eines Elfchens. Bei der ersten Übung schreiben die Kinder die vorgegebenen Texte in die passenden Zeilen und bringen das Elfchen damit in die richtige Reihenfolge. Dabei können sie sich vor allem an der Anzahl der Wörter orientieren. Da bei der zweiten Übung alle Wörter vertauscht sind, ist es erforderlich, bei der Zuordnung in die Zeilen auf die Wortarten zu achten.

Auf der zweiten Kopiervorlage (Seite 132) verfassen die Kinder selbstständig ein Elfchen zu einem Themenvorschlag oder zu einem selbst gewählten Thema und schreiben es in den Schmuckrahmen. Dabei sollten die Regeln nicht zu eng gesetzt werden, vor allem dann, wenn es den Kindern unter Umständen noch schwer fällt, die Wortarten zu unterscheiden. Es ist daher auch möglich, die Kinder unabhängig von Vorgaben völlig frei zu einem Begriff schreiben zu lassen.

In der zweiten Jahrgangsstufe sind Elfchen der folgenden Art bereits eine große Leistung und sollen entsprechend gewürdigt werden:

Stern
Stern leuchtet
Stern leuchtet hell
Stern leuchtet strahlend hell
Licht

Da in der Geschichte die Menschen auf verschiedene Arten Sterne basteln, sollte diese Tätigkeit unbedingt im Unterricht aufgegriffen werden. Auf der folgenden Seite finden Sie dafür einige Gestaltungsvorschläge.

Lösung Seite 131

Aufgabe 1:

Gelb
der Stern
Zacken und Spitzen
Ich hänge ihn an
Strohstern

Aufgabe 2:

Hell
das Licht
die Nacht erleuchtet
Ich schaue zum Himmel
Stern

KV Seite 133

Sterne aus Fotokarton

Bei dieser Bastelarbeit können bereits Schüler der ersten Jahrgangsstufe ansprechende Ergebnisse erzielen. Die fertigen Sterne können als Fenster- oder Weihnachtsbaumschmuck verwendet werden.

KV Seite 134/135

Wandbild mit Stern-Frottage
Weihnachtskarte mit Stern-Frottage

Als „Frottage“ bezeichnet man eine künstlerische Technik, bei der Umriss und/oder Oberfläche eines Gegenstandes durch Durchreiben auf Papier übertragen werden. Dabei legt man über den Gegenstand ein Blatt Papier und reibt darauf mit einem flach gehaltenen weichen Bleistift oder einer Wachsmalkreide gleichmäßig über den Gegenstand, sodass dessen Form und/oder Struktur sichtbar werden. Je nach Druck des Stiftes ist die Schattierung unterschiedlich stark.

Achten Sie bei dieser Technik darauf, dass die Kinder nur jeweils in einer Richtung malen, damit ein gleichmäßiges Bild entsteht.

Je nach Wunsch kann die Frottage zu einem Wandbild oder zu Weihnachtskarten weiterverarbeitet werden.

KV Seite 136

Sternvorlagen

Diese Kopiervorlage mit Sternen in verschiedenen Größen bildet die Grundlage folgender Bastelarbeiten mit Sternen:

- Requisiten für den Sternentanz (Seite 95)
- Sterne aus Fotokarton (Seite 133)
- Wandbild mit Stern-Frottage (Seite 134)
- Weihnachtskarte mit Stern-Frottage (Seite 135)
- Kerze mit Sternen (siehe unten)
- Adventskalender (siehe unten)

Die Kopiervorlage wird dafür mehrmals auf dünnen Pappkarton kopiert und ausgeschnitten. Alternativ wird die Vorlage auf normales Papier kopiert, dieses Blatt auf Pappkarton geklebt und ausgeschnitten. So entstehen stabile Sternschablonen, mit denen die Schüler in Gruppen arbeiten können.

Kerze mit Sternen

Die Kerzen für den Adventskranz oder eine beliebige Kerze wird mit Sternen verziert.

Folgendes Material wird benötigt:

- eine Kerze
- Wachsplatten
- Sternschablonen
- eine Prickelnadel, eine dünne Stricknadel oder eine Sticknadel, deren Öhr in einem Korken befestigt wird, damit man sie besser halten kann

So wird’s gemacht:

1. Eine Sternschablone wird auf die Wachsplatte gelegt. Der Umriss wird mit der Nadel nachgezeichnet. Die Schablone wird entfernt.
2. Jetzt wird der Stern vorsichtig aus der Platte gelöst. Falls das noch nicht möglich ist, wird die Form mit einem Messer ausgeschnitten.
3. Der Stern wird nun an die gewünschte Stelle der Kerze aufgelegt und von der Mitte nach außen festgedrückt. Dabei sollten die Hände unbedingt sauber und fettfrei sein.
   Hinweis: Das Wachsmotiv haftet am besten, wenn sowohl die Kerze als auch die Wachsplatten Zimmertemperatur haben.

Sterne am Nachthimmel

Besonders schön leuchtende Sterne erhält man, wenn die Kinder sie mit Zuckerkreide auf schwarzes oder dunkelblaues Tonpapier malen.

Lösen Sie dafür 5 Teelöffel Zucker in einer Schüssel mit ¼ Liter lauwarmem Wasser auf. Legen Sie je nach Anzahl der Schüler Tafelkreidestücke in das Zuckerwasser. Die Kreidestücke müssen sich mit Wasser vollsaugen. Nach ein paar Stunden können die Kinder mit weißer oder gelber Kreide auf dunkles Tonpapier Sterne malen. Diese Bilder trocknen sehr schnell und haben leuchtende, kräftige Farben.

Adventskalender

Die Schüler der Klasse gestalten gemeinsam auf einem großen Plakat (z. B. Rückseite eines Tapetenstücks) eine Stadt. Dieses Bild stellt die Grundlage für einen Adventskalender dar. Jedes Kind bastelt nun mithilfe der Sternschablone einen gelben Tonpapierstern und beschriftet ihn mit seinem Namen. Im Rahmen des täglichen Morgenkreises klebt jeden Tag ein anderes Kind seinen Stern auf das Plakat.

Wie der Stern auf den Christbaum kam (1)

Zur Weihnachtszeit ist es üblich, den Tannenbaum mit Sternen zu schmücken. Aber wie die ersten Sterne an den Christbaum gekommen sind, weiß heute keiner mehr. Dabei ist die Geschichte ganz einfach. Sterne gibt es eigentlich nur im Himmel. Dort sitzen sie auf Wolken und leuchten. Sie schauen hinunter und beobachten, was bei uns auf der Erde passiert.

Dabei war ein ganz kleines Sternchen eines Tages ein wenig zu neugierig. Es schaukelte sehr stark auf seiner Wolke und drehte den Kopf nach allen Seiten, um besonders gut zu sehen. Bei so viel Übermut kann schon mal ein Unglück geschehen. So geschah es, dass das kleine Sternchen vor lauter Neugier kopfüber von seiner Wolke purzelte. Es fiel

und fiel und fiel – immer weiter der Erde entgegen. „Schön“, dachte es. „Ich werde mir da unten alles anschauen und dann fliege ich wieder zurück!“ Aber je näher das Sternchen der Erde kam, desto kraftloser wurde es. Schließlich setzte es mit einem kleinen Plumps auf dem Marktplatz einer Stadt auf. Es war jetzt so schwach, dass es nur mit Mühe und Not noch auf den höchsten Punkt steigen konnte, den es dort fand. Und das war der Christbaum vor dem Rathaus, der mit vielen Lichtern geschmückt war. Das Sternchen kletterte mit letzter Kraft auf die Spitze hinauf und klammerte sich dort fest.

Am nächsten Morgen kamen viele Leute am Marktplatz vorbei. Die Erwachsenen gingen zur Arbeit. Die Kinder waren auf dem Weg zur Schule. Sie blieben stehen und staunten über den funkelnden Stern, hoch oben auf der Spitze des Christbaums. „So einen Stern möchten wir auch haben!“, sagten die Kinder. „Ja, ich auch! Ich auch!“, riefen alle begeistert durcheinander.

Und weil alle Kinder jetzt unbedingt Sterne haben wollten, wurde in der ganzen Stadt mit dem Basteln begonnen. Die Mamas stachen Sternchen aus Plätzchenteig aus. Die Papas flochten die schönsten Sterne aus Stroh. Die Kinder schnipselten aus Gold- und Silberfolie Sterne für die Fenster. Und sogar die Opas holten ihre Sägen heraus und fingen an, aus Sperrholzplatten Sterne auszusägen. Die Sterne wurden bemalt, lackiert und mit Gold überzogen. Bald hingen überall an den Christbäumen die schönsten Sterne. „So schöne Bäume hatten wir noch nie!“, sagten die Leute zueinander.

Wie der Stern auf den Christbaum kam (2)

Dann kam der Heilige Abend. Als die Glocken läuteten und die Menschen in die Kirche gingen, funkelte das kleine Sternchen traurig auf der Spitze des Christbaums. Es hatte furchtbare Sehnsucht nach seiner Wolke, seinem Zuhause. Ein paar dicke Tränen liefen ihm übers Gesicht und tropften auf den Baum. Die Tränen gefroren an den Zweigen und sahen aus wie kleine Perlen.

Als die Kirchturmuhr um Mitternacht zwölfmal schlug und die wundersamste Stunde des Jahres begann, da geschah es! Der Mond schob sich hinter einer Wolke hervor und sein Strahl traf das kleine Sternchen auf der Baumspitze. Das Sternchen spürte plötzlich neue Kraft in sich und fühlte sich leicht und froh. Es breitete

seine Zacken aus und strahlte besonders hell. Da bemerkte es, dass es sich den Mondstrahl entlang nach oben treiben lassen konnte. Es stieg höher und höher. Schließlich landete das Sternchen mit einem Jubelruf auf seiner Wolke. Dort funkelte es glücklich weiter.

Am Weihnachtsmorgen bemerkten die Menschen, die am Marktplatz vorbeikamen, sofort, dass der Stern auf der Christbaumspitze fehlte. „Wo ist unser Stern geblieben?“, fragten sie aufgeregt. Sie suchten ihn überall, doch der Stern war und blieb verschwunden. „Wir müssen auf unsere Sterne gut aufpassen! Das soll uns nicht passieren!“, sagten sie zueinander. „Wir verpacken unsere Sterne ganz sorgfältig und heben sie auf, damit wir sie im nächsten Jahr wieder an den Baum hängen können.“

Seit dieser Zeit hängen die Menschen Sterne an den Weihnachtsbaum und auf der Baumspitze ist meist ein ganz besonders schöner Stern befestigt.
Und wenn du einmal in der Heiligen Nacht zum Himmel hinaufsiehst – und zwar genau um Mitternacht, in der Stunde, in der viel Wundersames geschieht –, dann siehst du das kleine Sternchen oben auf seiner Wolke funkeln. Von dort schaut es noch immer herunter, aber es hat sich fest vorgenommen, nicht mehr zu zappeln und nicht mehr zu schaukeln.

Name:

Wie der Stern auf den Christbaum kam

Die Sterne sitzen im Himmel auf Wolken. Dort leuchten sie und schauen auf die Erde hinunter. Eines Tages war ein kleines Sternchen zu neugierig. Es schaukelte und plötzlich purzelte es von seiner Wolke. Es fiel und landete auf dem Marktplatz einer Stadt. Es hatte kaum noch Kraft und konnte nur noch auf die Spitze des Christbaumes vor dem Rathaus klettern. Dort hielt es sich fest. Als die Leute am nächsten Morgen das kleine Sternchen auf dem Christbaum leuchten sahen, waren sie begeistert. Die Kinder wollten auch Sterne haben. Also bastelten sie fleißig Sterne. Es gab Strohsterne, Sterne aus Gold- und Silberfolie, Holzsterne und Sterne aus Plätzchenteig. Die Menschen schmückten ihre Christbäume damit. Am Heiligen Abend funkelte das kleine Sternchen traurig auf dem Christbaum. Es weinte, weil es so weit weg war von seiner Wolke. Da kam der Mond hinter einer Wolke hervor. Der erste Strahl des Mondes gab dem Sternchen wieder Kraft. Es ließ sich nach oben treiben und landete wieder auf seiner Wolke. Seit dieser Zeit schmücken die Menschen ihre Christbäume mit Sternen. Das kleine Sternchen schaut immer noch hinunter, aber es schaukelt nicht mehr.

Name:

Wie der Stern auf den Christbaum kam

1. Kreuze die richtigen Antworten an.

a) Warum purzelte das kleine Sternchen von seiner Wolke?

❑ Das Sternchen war zu neugierig.
❑ Die Wolke hatte Husten.
❑ Das Sternchen schaukelte so wild.
❑ Es gab ein Gewitter.

b) Wo landete das kleine Sternchen?

❑ Auf dem Kirchturm.
❑ Im Garten der Kinder.
❑ Auf dem Marktplatz.

c) Warum bastelten die Menschen Weihnachtssterne?

❑ Weil ihnen der Stern so gefiel.
❑ Weil sie keine Engel mehr basteln wollten.
❑ Weil sie sich langweilten.

d) Welche Sterne bastelten die Menschen?

❑ Strohsterne
❑ Papiersterne
❑ Goldfoliensterne
❑ Stoffsterne
❑ Holzsterne
❑ Perlensterne
❑ Plätzchensterne
❑ Wachssterne

2. Schreibe auf. Was passierte mit dem kleinen Sternchen am Heiligen Abend?

Name:

Wie der Stern auf den Christbaum kam

1. Schneide die Bildkarten aus und klebe sie in der richtigen Reihenfolge auf.

2. Ordne den Bildern die passenden Textkarten zu.

①		
②		
③		
④		
⑤		
⑥		

3. Schreibe die Geschichte auf.

Bild- und Textkarten zu „Wie der Stern auf den Christbaum kam"

✂

✂

Menschen, verpacken, Sterne	Sternchen, Wolke, schaukeln, fallen	Mond, Strahlen, fliegen, Wolke
Christbaum, Stern, traurig	Menschen, basteln, Sterne, Christbaum	Baumspitze, leuchten, Leute, staunen

Name:

Weihnachts-Elfchen (1)

Ein Elfchen ist ein kurzes Gedicht aus elf Wörtern, die in fünf Zeilen stehen. So ist es aufgebaut:

Grün
der Baum
schöne bunte Kugeln
Ich betrachte die Kerzen
Christbaum

Elfchen-Rezept

1. Zeile: ein Wiewort
2. Zeile: ein Begleiter und ein Namenwort
3. Zeile: Wie ist es? Wo ist es? Was hat oder tut es?
4. Zeile: Was denkst oder tust du? Beginne mit „Ich".
5. Zeile: ein Wort, das alles zusammenfasst

1. Hier stimmt die Reihenfolge der Zeilen nicht. Schreibe die Wörter in die richtigen Elfchenzeilen.

____
________ ________
________ ________ ________
________ ________ ________ ________
____

Strohstern
der Stern
Ich hänge ihn an
Gelb
Zacken und Spitzen

2. Hier sind alle Wörter durcheinandergeraten. Schau dir das Elfchen-Rezept noch einmal an und schreibe ein Elfchen.

____
________ ________
________ ________ ________
________ ________ ________ ________
____

Hell Stern Ich
erleuchtet das Licht
schaue die zum Himmel
Nacht

Name:

Weihnachts-Elfchen (2)

Schreibe deine eigenen Weihnachts-Elfchen.

Du kannst zum Beispiel schreiben über:

Kerze – Engel – Lebkuchen – Geschenk

Oder hast du eine eigene Idee?

Sterne aus Fotokarton

Du brauchst:

- Sternschablonen in drei verschiedenen Größen
- goldenen oder silbernen Fotokarton
- roten oder blauen Fotokarton (oder Tonpapier)
- goldenen oder silbernen Faden
- Bleistift
- Schere
- Klebstoff

So wird's gemacht:

1. Wähle drei Sternschablonen in unterschiedlichen Größen aus.
2. Lege den größten und den kleinsten Stern auf goldenen oder silbernen Fotokarton und umfahre die Umrisse mit Bleistift. Schneide die beiden Sterne aus.
3. Lege die mittlere Sternschablone auf roten oder blauen Fotokarton und umfahre den Umriss mit Bleistift. Schneide den Stern aus.
4. Klebe die drei Sterne nun der Größe nach aufeinander. Der größte Stern liegt unten. Du kannst die Sterne genau übereinander oder versetzt zueinander kleben.

5. Stich mit der Schere in einen Sternzacken ein kleines Loch und ziehe einen Faden durch. Jetzt kannst du den Stern aufhängen.

Wandbild mit Stern-Frottage

Du brauchst:

- Sternschablone
- Zeichenblockblatt DIN A4
- Wachsmalkreiden
- Tonpapier DIN A4
- Schere
- Klebstoff

So wird's gemacht:

1. Nimm eine Sternschablone und lege sie unter das Zeichenblockblatt.
2. Halte die Wachsmalkreide flach in der Hand und übermale den Stern. Achte dabei darauf, dass du die Wachsmalkreide immer gleichmäßig nur in einer Richtung hin und her bewegst. So wird die Form des Sterns sichtbar.
3. Verschiebe nun die Schablone ein kleines Stück und übermale den Stern wieder. Du kannst auch eine andere Farbe verwenden.
4. Wiederhole das Ganze mehrmals, sodass viele Sterne entstehen, die neben- oder übereinanderliegen.
5. Schneide die Frottage auf die Größe 24 cm x 15 cm zu.
6. Klebe die Frottage in die Mitte auf ein Blatt farbig passendes Tonpapier, sodass das Tonpapier den Rahmen bildet.
7. Jetzt kannst du dein Bild an die Wand hängen.

Weihnachtskarte mit Stern-Frottage

Du brauchst:

- Sternschablone
- Zeichenblockblatt DIN A4
- Wachsmalkreiden
- Tonpapier DIN A4
- Schere
- Klebstoff

So wird's gemacht:

1. Nimm eine Sternschablone und lege sie unter das Zeichenblockblatt.
2. Halte die Wachsmalkreide flach in der Hand und übermale den Stern. Achte dabei darauf, dass du die Wachsmalkreide immer gleichmäßig nur in einer Richtung hin und her bewegst. So wird die Form des Sterns sichtbar.
3. Verschiebe nun die Schablone ein kleines Stück und übermale den Stern wieder. Du kannst auch eine andere Farbe verwenden.
4. Wiederhole das Ganze mehrmals, sodass viele Sterne entstehen, die neben- oder übereinanderliegen.
5. Falte das Tonpapier an der langen Seite in der Mitte einmal und schneide es auseinander. Du erhältst zwei Blätter in der Größe DIN A5.
6. Falte eines dieser Blätter nochmals an der langen Seite in der Mitte. Das ist die Weihnachtskarte.
7. Schneide aus der Frottage ein Stück in der Größe 8 cm x 10 cm aus.
8. Klebe die Frottage auf die Vorderseite der Karte. Schreibe einen Weihnachtswunsch dazu.

Sternvorlagen